GR

CH00725307

Le Chemin
de Stevenson

Le Puy / Le Monastier / Florac / St-Jean-du-Gard / Alès

252 km (hors variantes)

Haute-Loire ■ Lozère ■ Ardèche ■ Gard

www.ffrandonnee.fr

FÉDÉRATION FRANÇAISE
DE LA RANDONNÉE PÉDESTRE
14, rue Riquet
75019 PARIS

ASSOCIATION POUR LE DÉVELOPPEMENT
DU TOURISME ET DES LOISIRS DE RANDONNÉE
Parc Technologique Clermont-Ferrand - La Pardieu
7 allée Pierre-de-Fermat - CS 60503 - 63178 AUBIÈRE CEDEX

SOMMAIRE

Les Cévennes, «une mer immobile...»

C.C.I. de Mende et de la Lozère

Cévennes : un modèle très

UNE RÉSERVE MONDIALE DE BIOSPHÈRE

De tous les Parcs nationaux français, celui des Cévennes est le seul à être implanté en moyenne montagne et, de ce fait, à abriter une population permanente significative : 40 000 personnes (dont plus de 600 en zone centrale protégée du Parc, des éleveurs essentiellement) vivent sur ces hautes terres de la bordure méridionale du Massif central.

Cette particularité lui donne une mission que n'ont pas les autres Parcs nationaux, à savoir la recherche des conditions d'un écodéveloppement durable, soucieux de la protection du patri-moine, respectueux des grands équilibres, et assurant la pérennité des activités agropastorales nécessaires au maintien de la biodiversité et des paysages.

La qualité exceptionnelle de ces sites humanisés, l'équilibre particulier entre l'homme et la nature entretenu depuis des siècles par des générations de Cévenols, ainsi que le souci d'associer protection et développement ont valu au Parc National des Cévennes la distinction de «Réserve mondiale de Biosphère», décernée en 1985 par l'Unesco.

La richesse de sa flore est favorisée par la diversité de ses climats (océanique, continental et

Club Cévenol

L e Club Cévenol a été fondé il y a un siècle, en septembre 1894, par un jeune Floracois, Paul Arnal, passionné de spéléologie, dans le but de mieux faire connaître «les sites merveilleux des Cévennes et des Causses et d'en faciliter l'accès et le séjour». A une époque où déjà l'exode rural avait commencé, Paul Arnal avait conscience que l'activité touristique était un moyen d'aider le pays à survivre.

Pendant cent ans, le Club Cévenol est resté fidèle à cette vocation, à la fois par ses publications, la revue *Causses et Cévennes* ou ses mémoires (dont *Le Journal de route* de Stevenson), et par son action pratique : c'est ainsi qu'il est à l'origine de deux grandes routes touristiques cévenoles – la célèbre Corniche des Cévennes, de Saint-Jean-du-Gard à Florac, et la route forestière de l'Aigoual – et que, avec Martel, il a mis en valeur des grands sites spéléologiques dans les Causses.

Mais aujourd'hui, il n'est plus nécessaire de faire connaître les Cévennes et les Causses ; en revanche, l'association estime indispensable de promouvoir des formes de tourisme de qualité qui respectent l'originalité et la culture de ce pays : dans cet esprit, elle a lancé en 1978 le sentier Stevenson, à l'occasion de la commémoration du centenaire de la traversée des Cévennes par le grand écrivain, et elle a participé en 1994 à la rédaction de ce topoguide.

Cette activité de randonnée à la suite du célèbre auteur nous paraît la parfaite illustration de ce qui convient au pays cévenol. Voilà pourquoi le Club Cévenol souhaite que les passionnés de Stevenson (et les autres) soient très nombreux à découvrir, sur ses pas et ceux de l'ânesse Modestine, nos montagnes bien-aimées.

Philippe JOUTARD,
Président du Club Cévenol,
Recteur de l'Académie de Toulouse.

Dans la vallée de la Mimente.

spécial de Parc National

méditerranéen), de ses sols (granitique, calcaire ou schisteux) et de l'altitude de la zone protégée (de 378 à 1 699 m). La variété des biotopes (forestiers à 65 %, ouverts à 35 %, humides ou secs) favorise la présence d'une faune remarquable et importante. La prolifération des cervidés, mouflons, chevreuils, mais aussi des sangliers, rend nécessaire, en l'absence de leurs prédateurs naturels (loups, ours), leur régulation par des dispositifs cynégétiques.

C'est en Europe une des régions qui ont connu un enrichissement biologique parmi les plus forts depuis 20 ans, suite à diverses réintroductions (vautours fauve et moine, castor, cerf, chevreuil, mouflon, grand tétras) et à la protection de biotopes naturellement recolonisés par certaines espèces prestigieuses (loutre, pic noir, chouette de Tengmalm, aigles royal et botté, grand-duc, percnoptère, etc.).

Les Cévennes ont beaucoup changé depuis l'automne 1878, lors du passage de Stevenson. S'il devait retraverser aujourd'hui nos montagnes, il trouverait qu'elles se sont passablement reboisées et enrichies de toutes les gammes de la vie...

Renseignements et informations :
PARC NATIONAL DES CÉVENNES
Le Château - 6 bis, place du Palais - 48400 FLORAC
Tél. 04 66 49 53 01 - Fax 04 66 49 53 02.

LA FÉDÉRATION FRANÇAISE DE LA RANDONNÉE PÉDESTRE

**La Loire à Goudet,
avec, au loin, les ruines du château de Beaufort,
que Stevenson dessina lors de son passage (voir p. 39).**

Depuis 1947, le Comité national des Sentiers de grande randonnée, devenu trente ans plus tard la Fédération française de la Randonnée pédestre, s'est donné pour tâche d'équiper la France d'un réseau d'itinéraires de randonnée pédestre, balisés, entretenus, décrits dans des topoguides comme celui-ci et ouverts à tous. Ce sont des bénévoles, au nombre de 6 000 en permanence, qui tout au long de ces quarante années d'existence ont créé les 65 000 km de sentiers de grande randonnée, les GR maintenant bien connus.

Si la randonnée pédestre a pris en France le développement qu'on lui connaît à l'heure actuelle, si les GR ont acquis la renommée qui leur est reconnue, c'est à eux et à la Fédération qu'on le doit. Depuis quelques années, leur action s'est étendue à des itinéraires de petite ou de moyenne randonnée destinés aux randonneurs de week-end et de proximité.

La Fédération, seule ou parfois avec le concours de collectivités locales, édite les topoguides qui décrivent les itinéraires et mettent en valeur leur attrait sportif ou culturel.

Mais son action désintéressée ne se borne pas là. Elle intervient sans cesse auprès des pouvoirs publics pour la protection et le maintien des chemins et des sentiers nécessaires à la randonnée, pour la sauvegarde de l'environnement naturel, pour la promotion de la randonnée, pour la défense des intérêts des randonneurs.

Elle regroupe plus de 2 800 associations sur l'ensemble du territoire. Celles-ci font sa force. Randonneurs qui utilisez ce topoguide, rejoignez-les. Plus vous serez nombreux, plus la Fédération sera forte, plus son audience sera grande et plus elle disposera de moyens pour répondre à votre attente.

www.ffrandonnee.fr

**FÉDÉRATION FRANÇAISE
DE LA RANDONNÉE PÉDESTRE**
Association reconnue d'utilité publique
14, rue Riquet - 75019 PARIS
Tél. 01 44 89 93 93 - Fax 01 40 35 85 67
Internet : www.ffrandonnee.fr

Chamina

Depuis sa création en 1974, Chamina, a étendu son action à l'ensemble des activités de nature et de randonnée. Elle s'est orientée et organisée pour œuvrer au développement touristique et économique des pays, pour répondre aux attentes des clientèles utilisatrices et aux besoins des collectivités locales.

■ Création et maintenance d'itinéraires de randonnée et de découverte ;

■ Gestion et animation des infrastructures et des réseaux liés à la randonnée ;

■ Participation à la valorisation touristique des territoires avec la marque générique Rando Accueil, qui recouvre plusieurs types d'hébergements sous les enseignes Rando Plume, Rand'Hôtel, Rando Gîte et Rando Toile, privilégiant l'accueil, l'ambiance, la convivialité et orientés principalement sur les activités de type balades, sports, découvertes... ;

■ Conduite d'études, expertise, conseil et assistance technique auprès des collectivités locales ;

■ Conception et mise en œuvre de programmes d'aménagement et de signalétique ;

■ Édition de plusieurs collections de guides de randonnée et de découverte, de dépliants, de cartes et de beaux livres... ;

■ Développement de nouveaux concepts pour rendre la randonnée accessible à tous, tel « Douce Heure », qui s'adresse aux personnes à mobilité réduite ;

■ Promotion de la randonnée et des activités de nature, via son centre d'information l'*Espace Massif Central* à Clermont-Ferrand et son site Internet.

■ Par ailleurs... Chamina soutient l'activité des *Amis de Chamina*, réseau de bénévoles qui contribue à la maintenance des itinéraires et organise des sorties à thèmes ; de l'agence de voyages *Chamina Sylva*, qui propose séjours et randonnées en France et à l'étranger.

Toute documentation complémentaire sur les activités de CHAMINA vous sera adressée sur simple demande.

CHAMINA
ASSOCIATION POUR LE DÉVELOPPEMENT
DU TOURISME ET DES LOISIRS DE RANDONNÉE

Parc Technologique - Clermont-Ferrand La Pardieu
7, allée Pierre de Fermat - CS 60503 - 63178 AUBIÈRE Cedex
Tél. 04 73 92 81 44 - Fax 04 73 91 62 24
Internet : www.chamina.com - E-mail : info@chamina.com

Infos pratiques

Le guide et son utilisation

La description de l'itinéraire est présentée en regard de la carte IGN au 1 : 50 000 correspondante, sur laquelle le tracé du sentier est porté en couleur.

En règle générale, les cartes sont orientées nord-sud (le nord étant donc en haut de la carte). Dans le cas contraire, la direction du nord est indiquée par une flèche en couleur.

Sur les cartes et dans la description de l'itinéraire, à côté de certains points de passage, sont mentionnés des repères ; ils permettent de situer ces lieux avec plus de précision.

Un plan de situation dans le rabat de couverture permet de localiser l'itinéraire. Un tableau (p. 15) recense une grande partie des ressources (ravitaillement, restaurants, transports, etc.) utiles aux randonneurs.

Des suggestions de balades, à la rubrique Idées Rando (p. 14), sont proposées à titre indicatif.

Les temps de marche mentionnés dans ce guide correspondent, sauf exceptions dûment motivées, au mode de calcul suivant : 4 km/h en terrain plat ; sur sentiers secs et non enneigés, il faut compter en moyenne 300 m de dénivelée par heure à la montée et 450 m à la descente, pour un randonneur peu chargé.

Pictogrammes

🏨	Hôtel	☕	Café
🛏	Chambre d'hôtes	🛒	Ravitaillement
🏠	Gîte d'étape	🚉	Gare SNCF
⛺	Camping	🚌	Car
🍴	Restaurant	ℹ️	Office de tourisme et syndicat d'initiative

Bien entendu, chacun doit interpréter ces temps en fonction de son chargement et de ses aptitudes physiques.

Balisage et itinéraire

Le parcours correspond à la description qui est faite dans le topoguide. Toutefois, dans le cas de modifications d'itinéraire (rendues nécessaires par l'exploitation agricole ou forestière, le remembrement, les travaux routiers), il convient de suivre le nouveau balisage, qui ne correspond plus alors à la description.
Ces modifications sont disponibles auprès du Centre d'information de la Fédération Française de la Randonnée Pédestre (tél. : 01 44 89 93 93) ou sur le site internet : www.ffrandonnee.fr

Les randonneurs utilisent balisages et topoguides sous leur propre responsabilité.

Les balisages effectués par les bénévoles de la Fédération n'ont pour objet que de faciliter aux utilisateurs la lecture du terrain qu'ils parcourent, en suggérant un itinéraire intéressant au point de vue sportif, culturel, esthétique... suivant le cas. C'est au randonneur d'apprécier si ses capacités physiques et les conditions du moment (intempéries, circulation, état du sol, etc.) lui permettent d'entreprendre la randonnée, comme il le ferait sur n'importe quel itinéraire ni décrit ni balisé, et de prendre les précautions correspondant aux circonstances.

Les renseignements fournis dans le topoguide, exacts au moment de son édition, ne sont donnés qu'à titre indicatif et n'engagent en aucune manière la responsabilité de la Fédération et de Chamina.

Équipement, période conseillée, difficultés

Chaque randonneur adaptera son équipement à ses besoins, à sa condition physique et au mode d'hébergement qu'il aura choisi.

Cartographie

Bien que le tracé soit porté sur des extraits de cartes IGN au 1 : 50 000, les cartes suivantes sont conseillées :

- Cartes IGN au 1 : 25 000 n°s 2735 E, 2836 O, 2736 E, 2737 E, 2738 E et O, 2739 OT, 2740 ET, 2740 E et 2840 O.
- Cartes IGN au 1 : 100 000 n°s 50 et 59. Carte touristique Lozère.
- Cartes Michelin au 1 : 200 000 n°s 76 et 80.

La Fédération Française de la Randonnée Pédestre ne vend pas de cartes. Les cartes Michelin sont disponibles dans les librairies et papeteries. Pour les cartes IGN, s'adresser à l'Espace IGN, 107, rue de la Boétie, 75008 PARIS, tél. 01 43 98 85 00, ou aux agents de vente régionaux de l'IGN, les librairies et les papeteries figurant sur la liste dressée par l'IGN.

Néanmoins, nous conseillons de se munir d'un minimum de matériel qui tiendra compte des saisons ; les étés sont très chauds et secs dans les Cévennes, avec des orages violents et subits. Les hivers peuvent être rigoureux, avec un enneigement important sur le plateau du Velay et le mont Lozère ; le brouillard n'est pas rare non plus durant cette saison, et la visibilité est parfois extrêmement réduite. En conséquence, certains tronçons peuvent être impraticables l'hiver ; se renseigner juste avant le départ.

Il est recommandé d'être bien chaussé en toute circonstance : prévoir de bonnes chaussures de marche, montantes et étanches. Emporter des vêtements de pluie pour l'été, chauds pour l'hiver ; penser au ravitaillement en eau l'été dans la partie cévenole du tracé, entre Florac et Saint-Jean-du-Gard.

Renseignements météo

Météo nationale : 3250
Météo Haute-Loire : tél. 08 92 68 02 43
Météo Lozère : tél. 08 92 68 02 48
Météo Gard : tél. 08 92 68 02 30

Recommandations

Attention, le chemin de Stevenson qui vous est proposé dans ce topoguide peut emprunter des tronçons ou passages en propriété privée, y compris dans le domaine public (forêt domaniale).

Par ailleurs, une grande partie de l'itinéraire se déroule dans le Parc National des Cévennes. Tenir compte de la réglementation en vigueur, notamment dans la zone centrale du parc.

Il convient donc de respecter le milieu traversé, de refermer les éventuelles clôtures, de tenir les chiens en laisse, de ne pas faire de feu, de ne pas camper hors des campings sans autorisation, de ne pas abandonner de détritus, de ne pas dégrader la végétation (parcs, cultures, jeunes plantations, fleurs, etc.) et de suivre impérativement les chemins balisés.

Le randonneur reste seul responsable non seulement des accidents dont il pourrait être victime, mais des torts qu'il pourrait causer à autrui, tels que pollution, feux de forêts, dégradations, etc. D'où l'intérêt pour lui d'être bien assuré. La Fédération Française de la Randonnée Pédestre et ses associations délivrent une licence incluant l'assurance.

**Quand le temps se gâte
sur Le Monastier...**

Infos pratiques

Accès à l'itinéraire

SNCF
- Renseignements : Haute-Loire, tél. 08 92 35 35 35 ; Lozère, gare de Mende, tél. 04 66 49 00 39.
- Le Puy-en-Velay : *ligne Le Puy-en-Velay - Saint-Étienne - Lyon et ligne Le Puy-en-Velay - Saint-Georges-d'Aurac - Clermont-Fd.*
- Langogne - Luc - La Bastide-Puylaurent - Alès : *ligne Paris - Nîmes.*
- La Bastide-Puylaurent : *ligne La Bastide - Marvejols (par Mende).*

TVC (Train à vapeur des Cévennes) : fonctionne d'avril à Toussaint, Saint-Jean-du-Gard - Bambouseraie - Anduze, BP 17, 30270 Saint-Jean-du-Gard, tél. 04 66 85 13 17.

CARS
- Transports Masson, avenue des Écoles, 43150 Le Monastier-sur-Gazeille, tél. 04 71 03 85 80 : *ligne Le Puy-en-Velay - Le Monastier-sur-Gazeille.*
- Hugon Tourisme, Z.A.E. du Causse d'Auge 48000 Mende, tél. 04 66 49 03 81 : *lignes Le Puy-en-Velay - Costaros - Bargettes - Landos - Pradelles - Langogne et Mende - Le Bleymard - Villefort.*
- Cars Reilhes, 52, avenue Jean-Monestier, 48400 Florac, tél. 04 66 45 00 18 : *lignes Mende - Florac et Florac - Cassagnas - Alès.*
- Cars Fort, ZA de l'Astreau, BP 11, 30270 Saint-Jean-du-Gard, tél. 04 66 85 30 28 : *lignes Saint-Jean-du-Gard - Anduze - Nîmes et Saint-Jean-du-Gard - Mialet - Alès.*
- Société Lafont Tourisme, 24, rue Pellet-de-la-Lozère, 30270 Saint-Jean-du-Gard, tél. 04 66 85 30 21 : *ligne Saint-Jean-du-Gard - Alès.*

Des modifications dans les réseaux de transport et les dessertes locales sont possibles dans l'avenir ; il est prudent de se renseigner avant de partir.

Adresses utiles

- Centre d'information de la Fédération Française de la Randonnée Pédestre, 14, rue Riquet, 75019 Paris, tél. 01 44 89 93 93, fax 01 40 35 85 67, E-mail : info@ffrandonnee.fr, site : www.ffrandonnee.fr
- CHAMINA, Parc Technologique, Clermont-Ferrand La Pardieu, 7, allée Pierre de Fermat, CS 60503, 63178 Aubière Cedex, tél. 04 73 92 81 44, fax 04 73 91 62 24, E-mail : info@ chamina.com, site : www.chamina.com
- Comité départemental de la randonnée pédestre de la Haute-Loire "La Croisée des Chemins®", 23, rue Boucherie-Basse, 43000 Le Puy-en-Velay, tél. 04 71 04 15 95, E-mail : randohauteloire@wanadoo.fr, site : www. lacroiseedeschemins.com
- Comité départemental de la randonnée pédestre de la Lozère, C/O M. Allain Bastide, 14, boulevard Henri-Bourrillon, 48000 Mende, E-mail : cdrp48@worldonline.fr
- Comité départemental de la randonnée pédestre du Gard, La Vigneronne, 114B route de Montpellier, 30540 Milhaud, tél. 04 66 74 08 15, fax 04 66 68 93 21, E-mail : cdrp30@wanadoo.fr
- Comité départemental du tourisme de la Haute-Loire, 1, place Monseigneur-de-Galard, BP 332, 43012 Le Puy-en-Velay Cedex, tél. 04 71 07 41 54, fax 04 71 07 41 55, E-mail : cdt@mididelauvergne.com, site : www. mididelauvergne.com
- Comité départemental du tourisme de la Lozère, 14, boulevard Henri-Bourrillon, BP 4, 48001 Mende Cedex, tél. 04 66 65 60 00.
- Comité départemental du tourisme du Gard, 3, place des Arènes, BP 122, 30010 Nîmes Cedex, tél. 04 66 36 96 30.
- Parc National des Cévennes, BP 15, 48400 Florac, tél. 04 66 49 53 01.
- Association «Sur le Chemin de R. L. Stevenson», Mairie, 48220 Le Pont-de-Montvert, tél. et fax 04 66 45 86 31.

OFFICES DE TOURISME ET SYNDICATS D'INITIATIVE
- Place du Clauzel, 43000 Le Puy-en-Velay, tél. 04 71 09 38 41, E-mail : info@ot-lepuyen velay.fr, site : www.ot-lepuyenvelay.fr
- 32, rue Saint-Pierre, 43150 Le Monastier-sur-Gazeille, tél. 04 71 08 37 76, E-mail : jlmlemonastier@wanadoo.fr
- Mairie annexe, place Général-de-Gaulle, 48000 Mende, tél. 04 66 49 40 20, fax 04 66 49 40 23, E-mail : mende.officedetourisme @free.fr
- Avenue du Puy, 43420 Pradelles, tél./fax 04 71 00 82 65, site : www.pradelles.com
- 15, boulevard des Capucins, 48300 Langogne, tél. 04 66 69 01 38.
- 48250 La Bastide-Puylaurent,

tél. 04 66 46 07 55.
- 48220 Le Pont-de-Montvert,
tél. 04 66 45 81 94.
- Avenue Jean Monestier, 48400 Florac,
tél. 04 66 45 01 14.
- 48330 Saint-Étienne-Vallée-Française,
tél. 04 66 45 71 61.
- 48370 Saint-Germain-de-Calberte,
tél. 04 66 45 90 06 ; été : tél. 04 66 45 93 66.
- Place Rabault - St-Étienne, BP 2, 30270 Saint-Jean-du-Gard, tél. 04 66 85 32 11.
- Plan de Brie, BP 6, 30140 Anduze,
tél. 04 66 61 98 17.
- BP 49, Place Gabriel Péri, 30100 Alès,
tél. 04 66 52 32 15.

Location d'ânes

- Marcel Exbrayat, «Rando Ânes», 43700 Arsac-en-Velay, tél. 04 71 08 81 42.
- Gilles Romand, place des Pénitents, 43420 Pradelles, tél. 04 71 00 88 88 ou 06 81 60 76 58.
- M. Lardanchet, association P'tit Âne, 43160 Berbezit, tél./fax 04 71 00 09 22.
- Annie Galland, association Bivouac, Les Rochettes-Hautes, 48800 Altier, tél. 04 66 46 89 89.
- Frédérique Forcada, Le Magistavol, 48400 Cassagnas, tél. 04 66 45 12 69.
- Christian Brochier, «Genti-âne», Castagnols, 48220 Vialas, tél. 04 66 41 04 16.
- Chantal Guillaume, «Tramontane», La Rouvière, 48110 Saint-Martin-de-Lansuscle, tél. 04 66 45 92 44.

- Séverine Moussiaux-Kieffer, Valès, 48240 Saint-André-de-Lancize, tél. 04 66 45 93 20.
- Alain Pigache, Marouls, 48330 Saint-Étienne-Vallée-Française, tél. 04 66 45 75 30.

Infos pratiques

Hébergement

Pour tous les points d'hébergement cités, il est vivement recommandé de réserver. Si les informations données dans cette double page sont exactes à la date de parution du présent guide, il se peut que des changements interviennent à l'avenir. Renseignez-vous avant de partir.

LE PUY-EN-VELAY (43000)
Gîte d'étape Accueil Saint-François, 19 places, tél. 04 71 05 98 86.
Gîte d'étape des Capucins, 19 places, tél. 04 71 04 28 74 ou 06 63 09 13 69.
Auberge de jeunesse, 72 places, tél. 04 71 05 52 40.
Nombreuses autres possibilités d'hébergement ; se renseigner à l'office de tourisme, tél. 04 71 09 38 41.

LE MONASTIER-SUR-GAZEILLE (43150)
Gîte d'étape, 19 places, M. Vincent, tél. 04 71 03 82 37.
Hôtel-restaurant Le Provence, tél. 04 71 03 82 37.
Hôtel-restaurant de l'Abbaye, tél. 04 71 03 80 50.
Auberge-restaurant des Acacias, tél. 04 71 08 38 11.

GOUDET (43150)
Gîte d'étape, 19 places, M. et Mme Massebeuf, tél. 04 71 57 18 05.

ARLEMPDES (43490) (HORS ITINÉRAIRE)
Hôtel-restaurant du Manoir, tél. 04 71 57 17 14.

LE BOUCHET-SAINT-NICOLAS (43510)
Accueil randonneurs, 24 places, s'adresser à l'Auberge du Couvige, tél. 04 71 57 32 32 (avril à octobre). Chalet-hôtel au lac du Bouchet, tél. 04 71 57 30 22.
Chambres et table d'hôtes, M. et Mme Villesèche, tél. 04 71 57 35 34.
Chambres et table d'hôtes, M. et Mme Reynaud, tél. 04 71 57 31 91.

LANDOS (43340)
Hôtel-restaurant Le Dauphin, tél. 04 71 08 21 55.
Gîte La Maison d'Adrien, tél. 06 85 76 27 32.
Accueil randonneurs, Les Fonds, 38 places, tél. 04 71 08 29 93.

PRADELLES (43420)
Hôtel-restaurant L'Arche, tél. 04 71 00 82 98.
Hôtel-restaurant Masclaux, tél. 04 71 00 80 42.
Gîte Rando Plume, 12 places, Gilles Romand, tél. 04 71 00 87 88 ou 06 81 60 76 58.

Village Vacances La Valette, 106 places, tél. 04 71 00 85 74.

LANGOGNE (48300)
Hôtel-restaurant de la Poste, tél. 04 66 69 00 02.
Hôtel-restaurant Gaillard, tél. 04 66 69 10 55.
Hôtel-restaurant Beauséjour, tél. 04 66 69 01 18.

CHAUDEYRAC (48170) (HORS ITINÉRAIRE)
Hôtel de France, tél. 04 66 47 91 00.
Hôtel du Centre, tél. 04 66 47 91 01.
Hôtel-restaurant Roche, tél. 04 66 47 91 11.

CHEYLARD-L'ÉVÊQUE (48300 LANGOGNE)
Chambres d'hôtes Rando Plume Le Refuge du Moure, 37 places, repas, M. et Mme Simonet, tél. 04 66 69 03 21.

NOTRE-DAME-DES-NEIGES (07590 SAINT-LAURENT-LES-BAINS)
Hôtellerie du Monastère, sur réservation uniquement, tél. 04 66 46 59 12.

LA BASTIDE-PUYLAURENT (48250)
Gîte d'étape L'Étoile, 30 places, repas, Philippe Papadimitriou, tél. 04 66 46 05 52.
Grand Hôtel Les Pins, tél. 04 66 46 00 07.
Hôtel Les Genêts, tél. 04 66 46 00 13.
Hôtel La Grande Halte, tél. 04 66 46 00 35.

CHASSERADÈS (48250)
Hôtel-restaurant des Sources, tél. 04 66 46 01 14.
Hôtel-restaurant L'Élixir, tél. 04 66 46 27 64.

MIRANDOL (48250 CHASSERADÈS)
Gîte d'étape, 15 places, repas, M. et Mme Chaptal, tél. 04 66 46 01 14.

LES ALPIERS (48190 LE BLEYMARD)
Gîte d'étape, 15 places, Mme Aubenque, tél. 04 66 48 67 19, repas.

SAINT-JEAN-DU-BLEYMARD (48190 LE BLEYMARD)
Chambres d'hôtes, La Combette, Anita et Félix Klein, 2 chambres de 3 lits, tél. 04 66 48 61 35.

LE BLEYMARD (48190)
Hôtel-bar-restaurant La Remise, tél. 04 66 48 65 80.
Village Vacances, tél. mairie, 04 66 48 65 14.

MONT LOZÈRE (48190 MAS-D'ORCIÈRES-CUBIÈRES)
Chalet-hôtel-restaurant du mont Lozère, Henri Pagès, tél. 04 66 48 62 84.
Hôtel-restaurant et gîte d'étape Le Refuge,

36 places, Mas d'Orcières, M. Reversat,
tél. 04 66 48 62 83.

FINIELS (48220 LE PONT-DE-MONTVERT)
Chambres et table d'hôtes, Jacqueline Galzin,
tél. 04 66 45 84 36.

LE PONT-DE-MONTVERT (48220)
Gîte d'étape communal, 32 places,
Maison du Mont Lozère, tél. 04 66 45 80 10.
Gîte d'étape Le Ron du Chastel, M. Brunel,
tél. 04 66 45 84 93.
Hôtel-restaurant Aux sources du Tarn,
tél. 04 66 45 80 25.
Hôtel-restaurant La Truite Enchantée,
tél. 04 66 45 80 03.
Hôtel-restaurant des Cévennes, tél. 04 66 45 80 01.
(HORS ITINÉRAIRE 7 KM) Gîte Panda, Le Merlet,
12 places, M. et Mme Galzin, tél. 04 66 45 82 92.

COCURÈS (48400) (HORS ITINÉRAIRE 1 KM)
Hôtel-restaurant La Lozerette, tél. 04 66 45 06 04.

FLORAC (48400)
Gîte d'étape La Carline, 15 places, Alain Lagrave,
tél. 04 66 45 24 54.
Gîte d'étape communal, 29 places,
tél. 04 66 45 14 93.
Hôtel Le Rochefort, tél. 04 66 45 02 57.
Grand Hôtel-restaurant du Parc, tél. 04 66 45 03 05.
Hôtel-restaurant «Le 21», tél. 04 66 32 83 46.
Hôtel-restaurant des Gorges du Tarn,
tél. 04 66 45 00 63.
Archibal-Hôtel, tél. 04 66 45 00 01.
Hôtel-restaurant du Pont Neuf,
tél. 04 66 45 01 67.
Chambres d'hôtes, gîte d'étape, Mme Dubois,
tél. 04 66 31 10 59.

LA SALLE-PRUNET (48400) (HORS ITINÉRAIRE)
Auberge Cévenole, repas, tél. 04 66 45 11 80.

SAINT-JULIEN-D'ARPAON (48400)
Gîte d'étape Domaine des Trois Tilleuls,
tél. 04 66 45 25 54.

CASSAGNAS (48400)
Espace Stevenson, chambres d'hôtes, restaurant,
ancienne gare, tél. 04 66 45 20 34.

SAINT-MARTIN-DE-LANSUSCLE (48110)
(HORS ITINÉRAIRE) Gîte d'étape du château de
Cauvel, M. et Mme Pfister, tél. 04 66 45 92 75.

SAINT-GERMAIN-DE-CALBERTE (48370)
Chambres d'hôtes, 10 places (hors GR), Lou
Bancilhon, Michael Bauwens, tél. 04 66 45 94 06.

Hôtel-restaurant Le Petit Calbertois et relais
d'étape Lou Serre de la Can, 36 places,
M. Mohcini, tél. 04 66 45 93 58.
VVF Lou Serre de la Can, tél. 04 66 45 92 97.

PONT DE BURGEN
(48330 SAINT-ÉTIENNE-VALLÉE-FRANÇAISE)
Gîte d'étape, M. Pigache Alain, 15 places,
tél. 04 66 45 73 94.

SAINT-ÉTIENNE-VALLÉE-FRANÇAISE (48330)
Lancize, chambres d'hôtes,
M. Christiaens-Jacquemin, tél. 04 66 45 46 01.
Auberge du Martinet, 4 chambres d'hôtes,
tél. 04 66 45 70 30.

SAINT-JEAN-DU-GARD (30270)
Gîte d'étape, Le Moulinet, 15 places,
Anne-Marie Launay, tél. 04 66 85 10 98.
Hôtel-restaurant L'Oronge, tél. 04 66 85 30 34.
Hôtellerie du Château de Cabrières, restaurant,
tél. 04 66 85 34 34.
Hôtel-restaurant Les Bellugues,
tél. 04 66 85 15 33.
Auberge du Péras, tél. 04 66 85 35 94.
Hôtel-restaurant Stevenson Tavern,
tél. 04 66 85 11 11.
(À 2 KM) Chambres d'hôtes, Bagnières,
Mme Boudet, tél. 04 66 85 13 05.
Village Vacances, Ravel, M. et Mme Saumade,
tél. 04 66 85 38 21 ou 04 66 85 34 64.

MIALET (30140)
Hôtel-restaurant des Grottes de Trabuc,
tél. 04 66 85 02 81.
Hôtel-restaurant Le Pradinas, tél. 04 66 85 01 34.
Hôtel-restaurant Les Plans, tél. 04 66 85 04 04.
Gîte d'étape du Mazel, Brigitte et Michel Pages,
tél. 04 66 85 39 83, E-mail : le.mazel@free.fr, site :
http://le.mazel.free.fr
Gîte d'étape, Jorg-Hoffmann Traude, Malbosc,
tél. 04 66 85 00 82.

ALÈS (30000)
Nombreuses possibilités d'hébergement ;
se renseigner à l'office de tourisme,
tél. 04 66 52 32 15.

Les terrains de camping sont signalés dans le
descriptif. Pour les adresses, consulter les
offices de tourisme ou les syndicats d'initiative
(p. 10 et 11) ou, à défaut, les mairies des
communes.

Infos pratiques

Un chemin historique

Le chemin de Robert Louis Stevenson est historique ; l'itinéraire qui vous est proposé dans ce topoguide tente de retracer ce que fut pour Stevenson cette aventure de 12 jours entre Le Monastier-sur-Gazeille et Saint-Jean-du-Gard, dans la deuxième moitié du XIXe siècle... Nous ne pouvons donc qu'engager les randonneurs à parcourir l'ensemble de l'itinéraire dans les pas de l'auteur de *Voyage avec un âne dans les Cévennes*.

Néanmoins, certains tronçons du chemin suivi par Stevenson ne présentant plus le même intérêt aujourd'hui, nous avons choisi parfois un tracé légèrement différent. C'est le cas notamment après Le Pont-de-Montvert pour éviter une portion de goudron.

Par ailleurs, pour faciliter l'accès à l'itinéraire historique, nous avons inclus dans ce topoguide deux liaisons, l'une entre Le Puy-en-Velay et Le Monastier-sur-Gazeille, l'autre entre Saint-Jean-du-Gard et Alès.
L'intérêt s'en trouve accru à plusieurs titres :
• Le Puy et Alès sont deux villes extrêmement riches sur le plan historique et architectural.
• Au départ, le chemin emprunte un autre sentier historique, celui de Saint Jean-François Régis (voir p. 11 et 31).

Quelques idées Rando

• La fin du parcours permet, entre autres, de compléter son information sur les Cévennes et la guerre des Camisards, par une visite aux musées du Désert et des Vallées Cévenoles...

Pour ceux qui ne peuvent parcourir l'ensemble de l'itinéraire, des possibilités d'accès ou de sortie intermédiaires sont possibles, grâce notamment aux transports en commun (voir rubrique Accès à l'itinéraires p. 10). Cela peut permettre d'effectuer des balades de 1 à 7 jours.

Boucle d'une journée «Notre-Dame-des-Neiges».
Voir pp. 59 à 65.
A partir de La Bastide-Puylaurent par Rogleton et la Trappe de Notre-Dame-des-Neiges, 14 km.

Deux jours en Gévaudan.
Voir pp. 55 à 65.
1. de Langogne à Luc, 23 km.
2. de Luc à La Bastide-Puylaurent par la Trappe de Notre-Dame-des-Neiges, 15 km.

Trois jours dans le Velay.
Voir pp. 28 à 51.
1. du Puy-en-Velay au Monastier-sur-Gazeille, 19 km.
2. du Monastier-sur-Gazeille au Bouchet-Saint-Nicolas, 26 km.
3. du Bouchet-Saint-Nicolas à Langogne, 25 km.

Sept jours entre mont Lozère et Cévennes.
Voir pp. 65 à 123.
1. de La Bastide-Puylaurent au Bleymard, 25 km.
2. du Bleymard au Pont-de-Montvert, 18 km.
3. du Pont-de-Montvert à Florac, 26 km.
4. de Florac à Cassagnas, 16 km.
5. de Cassagnas à Saint-Germain-de-Calberte, 13 km.
6. de Saint-Germain-de-Calberte à Saint-Jean-du-Gard, 20,5 km.
7. de Saint-Jean-du-Gard à Alès, 29,5 km.

Pour randonner accompagné.
Sporting Club de Florac, base de pleine nature, rue Célestin-Freinet, 48400 Florac, tél. 04 66 45 00 71.
Cévennes Évasion, 5, place Boyer, 48400 Florac, tél. 04 66 45 18 31 et Le Pont-de-Montvert, tél. 04 66 45 86 21.

Pour faire le chemin de Stevenson à cheval.
Gilles Romand, Écuries du Musée, place des Pénitents, 43420 Pradelles, tél. 04 71 00 88 88 ou 06 81 60 76 58.
Patrick Poyeton, domaine équestre, Auroux, 48300 Langogne, tél. 04 66 69 55 40.

Infos pratiques

Km	temps	Localités / Ressources	Pages	🏠	🏛	⛺	🛒	🍴	i	🚌	🚆	🛏	☕
		LE PUY-EN-VELAY	31	•	•	•	•	•	•	•	•	•	•
8	2 h 00	COUBON	31			•	•	•				•	•
11	2 h 45	LE MONASTIER-SUR-GAZEILLE	33	•	•	•	•	•	•	•		•	•
7	1 h 45	SAINT-MARTIN-DE-FUGÈRES	37					•		•			
		ARLEMPDES (hors GR)	41		•			•					•
2,5	0 h 30	GOUDET	41	•		•		•		•		•	•
4,5	1 h 10	USSEL	41				•	•		•			•
3	0 h 45	BARGETTES	41							•			
1,5	0 h 30	COSTAROS (hors itinéraire)	47				•	•		•			•
5	1 h 15	LE BOUCHET-SAINT-NICOLAS	47	•	•		•	•		•		•	•
6	1 h 30	LANDOS	47	•	•	•	•	•		•			•
13,5	3 h 30	PRADELLES	49	•	•	•	•	•	•	•		•	•
5,5	1 h 15	LANGOGNE	49		•	•	•	•	•	•	•	•	•
16	4 h 15	CHEYLARD-L'ÉVÊQUE	55	•				•				•	•
12	3 h 00	LUC	59			•		•		•			•
12	3 h 00	NOTRE-DAME-DES-NEIGES (hors GR)	59					•					
3	0 h 45	LA BASTIDE-PUYLAURENT	65	•	•	•	•	•	•	•	•	•	•
12	3 h 00	CHASSERADÈS	65	•	•			•			•		•
2	0 h 30	MIRANDOL	65	•									
12	3 h 30	LES ALPIERS	69	•				•				•	
2	0 h 30	LE BLEYMARD (LA REMISE)	75		•		•	•					•
5	2 h 00	STATION DU MONT LOZÈRE	75	•	•			•					•
8	3 h 00	FINIELS	77			•						•	
5	1 h 45	LE PONT-DE-MONTVERT	77	•	•	•	•	•	•			•	•
23	6 h 30	BÉDOUÈS	99			•		•					•
5	1 h 30	FLORAC	99	•	•	•	•	•	•	•		•	•
9	2 h 15	SAINT-JULIEN-D'ARPAON	99	•		•						•	
7	1 h 45	GARE DE CASSAGNAS	101		•	•		•		•		•	
		CHÂTEAU DE CAUVEL (hors GR)	101	•								•	
12	3 h 00	LE SERRE DE LA CAN	107	•	•			•					•
2	0 h 30	SAINT-GERMAIN-DE-CALBERTE	107			•	•	•	•			•	•
5,5	1 h 20	PONT-DE-BURGEN	107	•									
4,5	1 h 10	ST-ÉTIENNE-VALLÉE-FRANÇAISE	107			•	•	•	•			•	•
2	0 h 30	LE MARTINET	115					•				•	•
9,5	3 h 30	SAINT-JEAN-DU-GARD	115	•	•	•	•	•	•		•	•	•
7	2 h 00	MIALET	119	•	•	•		•			•		
24,5	9 h 15	ALÈS	121		•	•	•	•	•	•	•		•

15

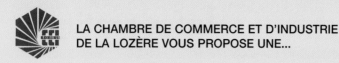

Invitation au voyage

Trait d'union entre Haute-Loire, Lozère, Ardèche et Gard, entre Auvergne et Languedoc, le chemin qu'a ouvert Robert Louis Stevenson est aussi un lien historique entre deux cultures, entre deux religions.

Ce grand voyageur, venu en pays cévenol pour «découvrir un peuple différent du sien, mais qui parlait pourtant en esprit le même langage», a offert au lecteur de *Voyage avec un âne dans les Cévennes* un trésor de narration pour un moment, pour un espace, pour une île de bonheur.

Tous ceux qui, avec la Chambre de Commerce et d'Industrie de Mende et de la Lozère, se sont impliqués dans la réalisation de ce topoguide consacré au chemin de Stevenson l'ont fait dans le respect de «ce petit livre», comme le qualifiait lui-même l'illustre écrivain écossais. Précurseur du tourisme pédestre, il a su prendre le temps d'apprécier les paysages et d'écouter l'histoire des gens d'ici, toujours en quête d'un fidèle ami. «Heureux le voyageur qui en découvre plusieurs !» disait-il dans sa dédicace à son cher Sidney Colvin.

Ancêtre des randonneurs, R. L. Stevenson a lancé une formidable invitation au voyage, reprise aujourd'hui par tous ceux qui ont envie de marcher dans ses pas, à la découverte du Velay, du Gévaudan et des Cévennes. Comme lui, ils pourront se faire accompagner d'une Modestine. Voilà plus d'un siècle, c'est ainsi qu'il avait voulu découvrir le pays des Camisards dans «la Cévenne des Cévennes».

Grâce à ce topoguide, le chemin de Stevenson devient accessible à tous. Ce qui demeure essentiel est l'attention portée aux paysages, aux habitants de ce pays. Ils sauront accueillir le voyageur, qui ne se laissera pas griser par «l'Auberge des étoiles», dans des hébergements et une hôtellerie de qualité et des restaurants riches de tous les mets du terroir.

«Le voyage que raconte ce petit livre me fut très agréable et bienfaisant», déclarait Stevenson. Puisse-t-il en être ainsi pour tous ceux qui vont aimer ce périple et ce topoguide.

**Robert Louis Stevenson à l'âge de 26 ans,
soit deux ans avant son voyage dans les Cévennes.
Gravure de Wirgman d'après un dessin de Fanny Osbourne,
future épouse de l'écrivain.**

«J'avais cherché l'aventure toute ma vie,
une aventure pure et sans passion,
comme il en advenait
aux voyageurs héroïques des premiers temps ;
et se trouver ainsi, au matin,
dans un coin perdu et boisé de Gévaudan,
désorienté, aussi étranger à ce qui m'entourait
que le premier homme abandonné dans les terres,
c'était voir, comblée, une partie de mes rêves éveillés.»

Stevenson ou la mystique de la randonnée

Mais qu'est-ce donc qui faisait marcher Stevenson ? Quelle mouche l'avait piqué lorsqu'il se lança le dimanche 22 septembre 1878 au Monastier-sur-Gazeille en Haute-Loire dans cette équipée incongrue et harassante qui devait le mener le jeudi 3 octobre à Saint-Jean-du-Gard, soit, si l'on veut, de la ville du Puy à celle d'Alès ?

Certes, l'Écossais Robert Louis Stevenson, alors dans sa vingt-huitième année, aimait la randonnée. Cet écrivain en herbe qui ne devait acquérir que sept ans plus tard une renommée internationale avec *L'Île au trésor* avait déjà écrit, dans une revue anglaise un peu snob, une demi-douzaine de pages sur les Walking Tours, parcours à pied plus longs que des promenades sans être de véritables expéditions. De façon à la fois enjouée et péremptoire, il y édictait un certain nombre de principes sur ce que nous appelons aujourd'hui la «randonnée» : elle doit être solitaire pour éviter de fastidieux bavardages ; son but essentiel n'est pas de contempler des paysages ; elle a pour effet bénéfique d'arrêter la pensée ; elle n'est vraiment agréable qu'à l'étape, lorsqu'on se retrouve épuisé, «purgé de toute étroitesse et de tout orgueil».

Un voyageur de mon genre, cela ne s'était jamais encore vu dans cette région. On me regardait avec mépris, comme quelqu'un qui projetait un voyage dans la lune, mais pourtant avec un intérêt respectueux comme un homme en partance pour le pôle inclément. Ils étaient tous prêts à m'aider dans mes préparatifs ; une foule d'amis me donnèrent leur appui au moment critique de conclure une affaire ; pas une démarche qui ne fut saluée par des verres et célébrée par un souper ou un petit déjeuner.
(Journal de route en Cévennes)

Un jeune homme tourmenté

D'où venait chez Stevenson cette conception morale de la randonnée comme une sorte d'ascèse ? La réponse est à trouver dans l'histoire personnelle de ce jeune homme génial mais tourmenté ; dans son enfance maladive de petit Écossais qui avait l'amour du pays natal chevillé au corps mais qui ne se portait bien que loin de son climat brumeux ; dans l'adolescence bohème de ce fils de famille, en révolte contre un père dominateur qu'il n'aimait jamais tant que lorsqu'il était loin de lui et contre un puritanisme ambiant qui réglait pourtant toutes ses réactions dès qu'il se trouvait dans un autre milieu. Déjà en proie à une irrésistible vocation d'écrivain, il vivait alors le drame d'un amour impossible pour une Américaine mariée mère de deux enfants, qui venait de repartir pour la Californie.

Le voyage dans les Cévennes avec un âne est pour Stevenson une étape initiatique, préludant à d'autres épreuves beaucoup plus dures qui le mèneront en dépit de tous les obstacles à la victoire de sa passion pour la femme aimée, Fanny Osbourne, et à l'épanouissement, grâce à elle, de ce génie créateur qui se manifestera, en une décennie, par une succession de livres cent fois réédités. C'est à l'ange tutélaire de son destin d'écrivain, Fanny Osbourne, qu'est en grande partie destiné ce livre, et aussi à ses amis, qui ont parfois douté de lui, et enfin à son père, qui pourtant soutiendra mordicus que ce voyage avec un âne n'était... qu'une ânerie !

S'il ne faut donc pas voir dans cette randonnée, et dans l'ouvrage qui en est sorti, qu'une simple anomalie dans la carrière de Stevenson – ce que semblent croire certains de ses biographes –, il reste à expliquer les raisons du très curieux itinéraire qu'il parcourut ainsi en douze jours. Il faut y voir, semble-t-il, la curieuse combinaison de l'impérieux désir, ancré dans son imaginaire de protestant d'Écosse, de découvrir les Cévennes et, d'autre part, d'une banale erreur géographique...

Stevenson sur un âne à l'âge de 10 ans.

Voir les Cévennes !

Ce n'est faire insulte ni à la Haute-Loire, ni à la haute Lozère que d'affirmer que, dès son départ de Paris, Stevenson était attiré comme par un aimant par les Cévennes, les Cévennes mythiques de l'après-révocation de l'édit de Nantes, les Cévennes des assemblées clandestines du Désert, des prophètes inspirés, de la révolte des Camisards, de Jean Cavalier, de Roland, de tous ces personnages de légende qui mouraient sur le bûcher en louant Dieu et en récitant des versets bibliques... Le petit Stevenson avait été nourri, dès sa prime enfance, des récits entendus de la bouche de sa brave et fana-

Stevenson était très attiré par les Cévennes, ce pays mythique où la révolte des Camisards avait donné lieu à «une persécution d'une violence inégalée».

Le chemin historique de Stevenson entre Velay et Cévennes : 192 km en 12 jours.

tique nourrice Alison Cunningham, dite Cummy, sur les péripéties sanguinaires des luttes claniques des Covenanters d'Écosse. Il était hanté par l'idée de confronter ces souvenirs ayant marqué son enfance avec l'histoire similaire de ces frères en religion, de ces Covenanters méridionaux, si différents par leur tempérament et leur culture : les Camisards.

Pour voir les Cévennes, Stevenson est donc parti avec pour guide les mille pages en deux gros volumes imprimés en 1842 des *Pasteurs du Désert* de Napoléon Peyrat, l'un des premiers redécouvreurs de la légende des Camisards. Et pourtant, dans ce journal de route qu'il tient scrupuleusement, étape après étape, sur un petit cahier d'écolier conservé dans une bibliothèque américaine, le pays des Camisards n'apparaît qu'au début du troisième tiers des notes rédigées. Dans l'édition imprimée du *Voyage avec un âne*, Stevenson a même dû faire du remplissage, avec des fragments tirés de sources imprimées, pour étoffer ce dernier tiers du livre qui, en principe, devait en faire l'essentiel : les Cévennes.

Si l'on veut bien comprendre la cause de cette erreur capitale de Stevenson dans le choix du point de départ de sa randonnée, il faut avoir sous les yeux l'une de ces cartes dessinées au milieu du XIXᵉ siècle pour représenter la géographie physique de la France. Le mot «Cévennes» en lettres capitales s'y étale largement sur tout le rebord sud-est du Massif central, presque de Carcassonne à Saint-Étienne ! Les géographes du temps, soucieux de mettre en valeur les lignes de partage des eaux, considéraient que les Cévennes séparaient les bassins fluviaux de la Loire et de la Garonne des bassins rhodanien et

ou la mystique de la randonnée

Clarisse : la servante de l'auberge au Pont-de-Montvert.

méditerranéen... Ce que c'est d'avoir l'esprit cartésien ! Stevenson, lui, se tire élégamment de ce mauvais pas. Son livre s'intitulera *Voyage dans les Cévennes*, mais arrivé, quatre jours avant la fin de sa randonnée, au sommet du mont Lozère, il baptisera le paysage qui s'ouvre devant lui «Cévennes des Cévennes», celles qu'il avait si longtemps cherchées, le pays des Camisards.

L'erreur de parcours de Stevenson explique un certain nombre d'anomalies dans la description qu'il donne des sites parcourus du Velay et du Gévaudan.

Notre jeune presbytérien d'Écosse, si affranchi qu'il se prétende de la religion de ses pairs, n'a d'yeux que pour ce qui est protestant. Jusqu'aux femmes auxquelles il ne fera des yeux doux qu'à partir du Pont-de-Montvert, avec Clarisse la servante d'auberge. N'est-ce pas une gageure que de ne pas avoir eu un mot pour l'architecture religieuse de la ville du Puy, où il n'évoque dans une lettre à un ami qu'un pantagruélique repas ? N'est-il pas scandaleux d'ignorer au Monastier-sur-Gazeille l'antique église abbatiale de Saint-Chaffre ? Même cécité pour le passé catholique du petit bourg de Pradelles (en particulier pour l'attaque qu'il subit de la part des huguenots en 1588 !). Dans ce topoguide, les auteurs se sont justement attachés à combler les lacunes dues aux préjugés manifestes de Robert Louis Stevenson.

L'ânesse médiatrice

Cependant, la première partie du parcours n'est pas dans la relation de Stevenson aussi maltraitée qu'on aurait pu le craindre. Le mérite en revient d'abord à Modestine, l'ânesse récalcitrante qui n'avait pas été originellement prévue au programme et qui, progressivement,

Au Monastier, Stevenson prépare son paquetage, un paquetage énorme qui va imposer la présence d'une bête de somme, Modestine en l'occurrence.

impose son personnage, fait irruption, comme un remords, dans la randonnée solitaire de Stevenson et lui sert de médiatrice avec les personnes rencontrées par les réflexions que leur inspirent son étrange harnachement et les plaies qui la martyrisent. La présence de Modestine ne s'impose que lorsque Stevenson a fait l'inventaire complet de son équipement. On devrait en rendre aujourd'hui la lecture obligatoire aux randonneurs novices qui ont tendance à trop charger leur sac : en plus des indispensables tomes des *Pasteurs du Désert* et de quelques autres livres, figurent un revolver (!), une lampe à alcool, une casserole, une lanterne, quelques chandelles à un sou, un couteau à cran d'arrêt, une grosse gourde de cuir, des rechanges chauds, un costume de voyage, une vareuse, un tricot, une couverture de voyage, des gâteaux au chocolat, du saucisson de Bologne en boîte, un gigot froid, une bouteille de Beaujolais, un batteur à œufs, une énorme quantité de pain noir et de pain blanc, enfin, pour couronner cet inventaire à la Prévert, un monumental sac de couchage de son invention, mesurant six pieds carrés, fait de toile de bâche à l'extérieur et de peaux de mouton avec leur laine à l'intérieur («on aurait pu y dormir à deux», note Stevenson, pensée galante destinée à Fanny !). Au total, plus d'une centaine de kilos à transporter... Modestine était donc indispensable. Mais comment l'ânier novice pouvait-il prévoir que cette pauvre bête ayant tiré toute sa vie une charrette supporterait si mal le bât ? Modestine est entrée dans la légende, mais à quel prix ! Dans la première version imprimée de son livre, Stevenson dut couper certains passages sur les souffrances de cette ânesse martyrisée pour ne pas choquer un public anglais particulièrement sensible...

O sancta solitudo !

Si les déboires de l'écrivain avec sa compagne d'infortune sont purement anecdotiques, il n'en va pas de même pour deux épisodes survenus dans la première partie du voyage et qui affectent Stevenson au plus profond de sa vie intérieure : le séjour au couvent de Notre-Dame-des-Neiges et la nuit sous les pins. Nous en recommandons la lecture au randonneur dans la version du *Journal de route* qu'il rédigea sur place, car ces pages contiennent des confidences assez intimes que sa pudeur et, sans doute, la peur du ridicule lui ont fait couper dans la version

Il a commencé à pleuvoir ; le jour est gris et faiblement éclairé sur Alais. On dirait que j'ai l'univers à porter sur les épaules, que j'ai à affronter tout le monde. (...) Tous les hommes sont-ils éprouvés autant que moi ? S'il en est ainsi, quelle course magnifique, et au son de quelle note sainte et joyeuse, ne marchent-ils pas à travers le monde ? Il se peut bien que même le dernier des bourgeois de la ville ait une flèche ou deux qui gangrènent son âme, le piquent ou lui font mal pendant les veilles de la nuit.
(Lettre à Sidney Colvin, octobre 1878)

L'abbaye de Notre-Dame-des-Neiges aujourd'hui.

littéraire la plus répandue. Le jeune protestant qui tremble de peur à l'idée de rencontrer des moines se laisse pénétrer par l'ambiance de Notre-Dame-des-Neiges et par ce style de vie combinant méditation et tâches matérielles. Ce reportage amical sur un couvent de trappistes n'est pas la moindre surprise de ce livre en principe dédié aux Camisards !

Dommage que Stevenson n'ait pas cru devoir conserver dans la version définitive ces prières laïques exprimant sa ferveur et sa joie en se sentant un homme nouveau ! Dommage aussi que, dans sa description de la nuit sous les pins sur le versant nord du mont Lozère, il ait substitué, dans le texte destiné à l'imprimeur, des généralités sur la nuit à la belle étoile au paragraphe commençant par les mots : «O sancta solitudo !» Il se laisse aller à déclarer que «la vie recommence» pour lui ; il évoque une solitude à deux dans laquelle les paroles ne sont plus nécessaires parce que «la femme qu'un homme a appris à aimer totalement, corps et âme, n'est plus une autre personne».

Peut-être Stevenson a-t-il préféré ne pas divulguer, pour la réserver à Fanny, cette si émouvante déclaration d'amour... En tout cas, la leçon est pour nous très claire : si l'on ne trouve pas toujours dans la randonnée ce qu'on était venu y chercher, c'est grâce à elle qu'on découvre en soi-même ce que l'on ne pensait pas y trouver.

Un voyage initiatique ?

Qu'est-ce qui faisait marcher Stevenson hier ? Qu'est-ce qui fait marcher le randonneur aujourd'hui ? A certains égards, Stevenson est une sorte de caricature du randonneur moderne. Son récit peut être interprété comme un résumé de tout ce qu'il ne faut pas faire quand on se lance, cent vingt ans après lui, dans la randonnée. Faire l'épreuve de sa résistance physique ? Bien sûr. Mais Stevenson souhaite aller jusqu'à l'épuisement, pour lui et pour sa compagne d'infortune. Se dépayser ? Certes. Mais il pousse le vice jusqu'à se perdre. Il aurait eu en horreur les sentiers balisés et les topoguides précis...

Mais il rencontrait sur son chemin beaucoup plus de gens du pays que nous. Il parlait aux bergers dans la montagne, aux paysans de retour d'une foire, aux habitants attablés dans les cafés et les auberges. Ces rencontres sont devenues bien rares à mesure que les pays traversés se sont vidés.

**Bivouac d'hier...
façon Stevenson,
dans une «caverne
de ténèbres».**

C'est dans un topoguide, moins pesant que les deux volumes des *Pasteurs du Désert*, que le randonneur peut se documenter. Il doit aussi apprendre à décrypter les signes qui se sont accumulés sur l'itinéraire Stevenson depuis son passage en 1878 : les monuments aux morts de la guerre de 1914, où la liste des tués est plus longue que celle des habitants vivant aujourd'hui au pays ; les plaques plus ou moins apparentes rappelant que les crêtes aujourd'hui sereinement parcourues par les randonneurs ont vu passer, pendant la Seconde Guerre mondiale, des fugitifs de toute espèce, victimes de persécutions politiques et raciales, réfractaires, maqui-sards. Que le randonneur qui aperçoit de loin une bergerie ou une clède sache qu'elle a peut-être abrité quelques-uns de ces hors-la-loi. Qu'il songe, à Saint-Germain-de-Calberte, à la quarantaine de réfugiés qui y trouvèrent le salut et aux anciens de la guerre d'Espagne qui se cachaient dans les fermes des environs. Et lorsqu'il verra se profiler à l'horizon les sommets du mont Mouchet et de l'Aigoual ou les falaises du causse Méjean, qu'il ait une pensée pour ceux qui y laissèrent leur vie...

Sur les traces de Stevenson

Il y a aujourd'hui fort peu de chance qu'un randonneur entreprenne de parcourir l'itinéraire Stevenson comme une sorte d'épreuve initiatique. Il est assez improbable de rencontrer, comme Stevenson avant La Vernède, un vieillard vous posant la question : «Connaissez-vous le Seigneur ?» *Le Voyage du pèlerin* de John Bunyan est moins connu de nos jours qu'il ne l'était de Stevenson.

Plus vraisemblablement, c'est à l'étape, au contact d'autres randonneurs venus de tous les horizons, que naîtront les inter-

**... Bivouac d'aujourd'hui
à Saint-Étienne-Vallée-Française.**

rogations fondamentales et que jailliront les réponses définitives sur le monde, sur les problèmes politiques, sociaux, spirituels, sur la vie et sur la mort. Derrière les murs du monastère de Notre-Dame-des-Neiges, malgré l'incendie qui ravagea ses bâtiments anciens, malgré son aspect actuel de coopérative vinicole, il y a toujours là ces moines qui firent tant impression sur Stevenson.

Bien plus, les signes visibles du religieux semblent avoir reflué, depuis le passage de Stevenson, des villes et villages habités vers les sommets déserts, comme pour une tentative de marquage confessionnel des lieux, à défaut des âmes : croix de mission, chapelles, monuments comme la pyramide qui, au Plan de Fontmort, commémore l'édit royal octroyant en 1787 la tolérance aux protestants. Moins de vingt ans après le voyage de Stevenson, à quelques kilomètres de son ultime étape de Saint-Jean-du-Gard, fut fondé au mas Soubeyran le musée du Désert, mémorial témoignant des persécutions que connurent les Cévenols du fait de leur religion.

Ultime sursaut du religieux qui eût surpris Robert Louis Stevenson lui-même, un culte s'instaure peu à peu sur l'itinéraire dont il fut l'initiateur. La stèle érigée au Monastier-sur-Gazeille par Mrs.

Gladstone et ses deux filles est l'un des vestiges dus en 1965 à cette piété nouvelle. Mais les émules de Stevenson ont multiplié depuis près de cent ans les écrits commémoratifs : Sir John Alexander Hammerton (1904), Robert T. Skinner (1929), Miss Elisabeth Singer (1949), le professeur Evans et son fils (1965), Paul Ross pour l'hebdomadaire *Life*, Pierre Macaigne pour *Le Figaro* (1968). Après la grandiose commémoration du centenaire du voyage de Stevenson en 1978, avec colloque et publication de la première édition critique du *Journal de route* par le Club Cévenol, avec le premier balisage du sentier Stevenson, la piété commémorative pour Stevenson se banalise, tandis que deux stars du voyage émergent du lot : Janet Bruce pour *L'Atlantic Monthly* et, surtout, Carolyn Patterson pour le *National Geographic Magazine*.

Il est heureux que celui qui est devenu l'objet de ce culte soit resté toute sa vie un homme capable de se moquer de lui-même et de ses capacités de randonneur, un homme capable de faire profit de tout l'imprévu qu'il peut trouver sur son chemin, un homme convaincu que, grâce à la randonnée, le marcheur se trouve à l'arrivée meilleur qu'au départ.

Jacques POUJOL

Rencontre sur le chemin de Stevenson.

LE VELAY

LE PUY / LANGOGNE

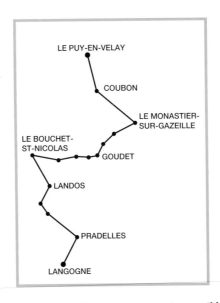

LE PUY-EN-VELAY

COUBON

LE MONASTIER-
SUR-GAZEILLE

LE BOUCHET-
ST-NICOLAS

GOUDET

LANDOS

PRADELLES

LANGOGNE

*«Ce n'est pas la Suisse, c'est moins terrible,
ce n'est pas l'Italie, c'est plus beau...»
George Sand évoque en ces termes admiratifs
le Velay, dans le* Marquis de Villemer.
*Stevenson, pour sa part, y voit «un paysage écossais.
(...) Le pays est sauvage et chaotique plutôt
qu'impressionnant, c'est un plateau plutôt qu'un pays
de montagne, et ce qu'il y a de plus frappant et de plus
agréable dans le décor se trouve plus bas, auprès
des rivières», écrit-il dans son* Journal de route. *Les
rivières, ce sont la Loire, l'Allier, la Gazeille, qui
incisent cette terre volcanique essaimée de pains
de sucre boisés et vagabondent d'une gorge à l'autre.
Trait commun et permanent des paysages ruraux,
dont l'aspect varie selon les saisons et l'altitude, partout
des murettes en blocs de basalte bordent les parcelles de
terrain, témoins de l'épierrage du sol et du labeur
acharné de générations d'agriculteurs.*

**La Loire à Coubon,
avec le château de Bouzols
au second plan.**

LE PUY-EN-VELAY

*Il faut arriver par la route de Clermont-Ferrand pour
découvrir le meilleur point de vue sur l'ensemble du site du Puy, enchâssé
dans un cadre verdoyant où l'eau et le feu ont sculpté
un fantastique décor naturel. Au fond d'une vaste cuvette creusée par
l'érosion se dressent trois rochers sombres, de forme et de hauteur inégales,
autour desquels la ville s'est développée au cours des âges.
Au-dessus du bassin du Puy, une succession de plateaux s'élève
jusqu'à l'horizon fermé par le massif du Mézenc, qui déroule à l'est
les croupes arrondies de ses volcans éteints.*

C'est une gageure que de vouloir présenter en quelques lignes une ville aussi riche en monuments et aussi pittoresque que Le Puy.

Elle s'étage en amphithéâtre sur les flancs du rocher Corneille, une énorme butte d'origine volcanique qui domine la ville et qui porte une statue colossale de la Vierge. Il faut flâner dans les rues tortueuses, étroites et pavées de la ville haute pour en découvrir les trésors et s'imprégner de son ambiance médiévale : tourelles, porches sombres, statuettes dans des niches aux formes variées, placettes tranquilles à l'écart du bruit de la ville moderne.

Une visite à la cathédrale s'impose. Sa façade polychrome se dresse en haut de la rue des Tables. Dans le porche d'entrée, supportant trois travées jetées sur le vide, on découvre deux vénérables portes en bois de cèdre ornées de caractères arabes et des fresques aux personnages nimbés d'or, vêtus de draperies byzantines. Un ancien dolmen, appelé «la Pierre des Fièvres» en raison des guérisons miraculeuses qui s'y produisirent jadis, rappelle l'existence en ce lieu prédestiné de cultes antérieurs au christianisme.

Par un cheminement compliqué, on pénètre enfin à l'intérieur de la basilique. L'originalité de la nef réside dans sa couverture, formée par une série de coupoles inspirées par l'Orient. Depuis le haut Moyen Âge c'est un centre de pèlerinage à la Vierge Noire, dont la statue est vénérée sur le maître-autel. Ce n'est qu'une copie de celle qui fut brûlée sous la Révolution et qui aurait été rapportée d'Égypte par Saint Louis à son retour de la 7e croisade. Mais le culte de Notre-Dame au Puy est bien antérieur à cette époque et remonte

**Vue aérienne du Puy,
avec, au premier plan,
la chapelle d'Aiguilhe et,
au second, le rocher
Corneille, qui porte
une statue de la Vierge.**

au moins au Ve siècle. Une statue de saint Jacques dans le transept sud rappelle que Le Puy était une tête de ligne des pèlerinages à Compostelle. La porte de ce transept débouche sur une placette d'où l'on découvre un beau panorama sur la ville avec ses toits rouges étagés au premier plan. Le porche roman qui abrite cette porte est remarquable par sa décoration. Quant au clocher indépendant de la basilique, il est bâti sur plan carré, à étages, et on peut en trouver d'analogues dans le Limousin. Ne quittons pas la cathédrale sans visiter la sacristie, laquelle contient des œuvres d'art religieux très intéressantes, notamment une bible, véritable joyau de la calligraphie carolingienne.

Dans les environs immédiats de la cathédrale, il faut voir le baptistère Saint-Jean, le cloître avec les merveilleuses sculptures de ses chapiteaux et de sa corniche, sa chapelle des Morts avec la fresque du Crucifiement. La polychromie du cloître évoque la célèbre mosquée de Cordoue et confirme les influences orientales qui ont inspiré la basilique du Puy par l'intermédiaire de l'Espagne. A côté du cloître, la chapelle des Pénitents, avec son décor suranné mais plein de charme, ses peintures naïves, son plafond à caissons, sa collection d'instruments de la Passion, mérite largement une visite, d'autant que le guide sait présenter ce monument avec amour et d'une manière originale.

Au sommet du rocher Corneille se dresse la statue de Notre-Dame-de-France, érigée en 1860 et fondue avec les canons russes pris à Sébastopol par le maréchal Pélissier. De là, on jouit d'un panorama circulaire sur le bassin du Puy.

Le Puy a été et demeure encore une des capitales de la dentelle en France. Un conservatoire national y est installé, qui s'oriente vers des productions artistiques faites à la main, les articles courants étant à présent réalisés en dentelle mécanique. Le musée Crozatier, au fond du jardin public, compte parmi les plus intéressants musées de province (dentelles, costumes régionaux, ethnographie, etc.).

La chapelle d'Aiguilhe, du XIe siècle, juchée sur un piton rocheux haut de 80 m.

On peut descendre sous la chapelle des Pénitents par une ruelle typique qui mène sous le porche de l'Hôtel-Dieu, ses magnifiques chapiteaux romans et la tête de bœuf rappelant la profession de son fondateur, l'hôtelier Grasmanent, au XIe siècle.

A découvrir au passage l'hôpital général, vaste et austère bâtiment des XVIIe et XVIIIe siècles, avec sa chapelle néoclassique. Ensuite, on se dirige vers Saint-Michel-d'Aiguilhe. Ceux qui feront l'effort d'escalader ce piton de 80 m de haut (268 marches) en seront récompensés par la découverte d'une petite chapelle du XIe siècle, véritable bijou de l'art roman, avec un porche à la décoration exubérante, soulignée par une marqueterie de pierres polychromes. Elle est bâtie selon un plan irrégulier qui n'a rien de géométrique puisqu'il épouse exactement la forme du rocher. Près d'Aiguilhe, la belle église gothique de Saint-Laurent, récemment rénovée, conserve quelques restes du corps du connétable Du Guesclin, mort en juillet 1380 au siège de Châteauneuf-de-Randon, en Lozère. On peut voir dans le chœur son monument funéraire, où il est représenté, tête nue, revêtu de son armure, les pieds reposant sur un chien, symbole de fidélité.

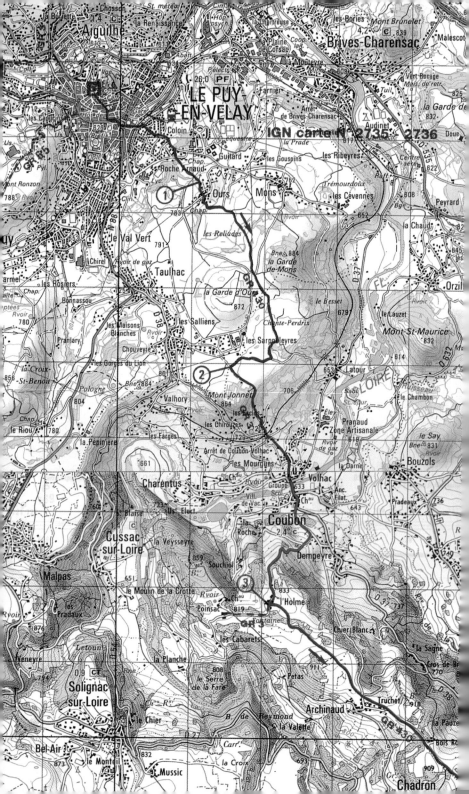

Le Puy-en-Velay • 625 m

▶ *Jusqu'au Monastier-sur-Gazeille, l'itinéraire emprunte le tracé du chemin de Saint-Jean-François-Régis (GR 430) (renseignements, voir p. 11)*

Le point de départ se situe à l'église du Collège, au carrefour des rues du Bessat, du Collège et de Saint-Jean-François-Régis. Emprunter la rue du Bessat, la rue Crozatier, puis, à gauche, le boulevard Maréchal-Fayolle. Tourner à droite dans l'avenue Georges-Clémenceau. Franchir le Dolaizon, traverser le carrefour de Baccarat et emprunter la rue Pierre-Farigoule. Parvenir au boulevard Philippe-Jourde ; virer sur la gauche et s'élever à droite dans l'avenue d'Ours-Mons. Emprunter la rue Édouard-Estaunié (quatrième à droite). A un carrefour, continuer droit devant et prendre la voie qui s'élève sous la ferme Bel Air. Peu après, utiliser un chemin pavé, jadis nommé «la calade d'Ours», bordé de murettes et d'arbustes. Poursuivre sur le chemin principal qui débouche aux premières maisons d'Ours (croix en pierre sculptée et datée de 1600).

① Poursuivre sur une voie bitumée puis couper une route. S'engager entre la croix et la maison d'assemblée *(sur la droite, le château d'Ours)*. La route tourne à gauche et, avant un virage, s'engager à droite dans une large voie en terre. Après 150 m, bifurquer à droite sur un chemin bordé de murettes et de buissons. Poursuivre tout droit sur un chemin. Déboucher alors sur une route ; la suivre une vingtaine de mètres sur la gauche et prendre tout droit un large chemin. Longer un bois puis déboucher dans le virage d'un chemin ; l'emprunter tout droit. A l'approche d'un bois, bifurquer à droite sur un chemin virant à gauche ; 150 m plus loin, on parvient à droite de quelques pins tordus appelés localement «pins du boulanger». Prendre à droite un chemin. Plus loin, il rejoint une voie goudronnée ; tourner à gauche.

② Le chemin s'abaisse dans une partie boisée au pied du mont Jonnet. Au lieu-dit Les Esclos, emprunter une route et descendre entre les maisons. Suivre à gauche la D 38, franchir la voie ferrée. Peu après l'ancienne gare, prendre à gauche la route du Chier puis bifurquer à droite pour parvenir dans le lotissement des Mourgues. A un carrefour, continuer tout droit pour atteindre la D 37 ; la suivre à droite et emprunter le pont sur la Loire. Parvenir à l'intersection des D 37 et 632 dans le bourg de Coubon.

8 km • 2 h • Coubon • 633 m

Il ne subsiste de nos jours aucune tradition sur le passage de Jean-François Régis à Coubon. Cependant, le missionnaire y passa certainement, car le village se trouvait sur la très ancienne voie du Puy-en-Velay à Avignon. Pour se rendre au Monastier et à Freycenet-Latour, où sa présence est incontestée, il emprunta nécessairement le pont sur la Loire qui avait été réparé en 1617. Celui-ci, dont le tablier de bois était posé sur des piles en maçonnerie, fut souvent emporté au cours des siècles par la brusque montée des eaux.

Emprunter la D 37 sur 200 m. Prendre à droite une route pentue. Passer à gauche de la croix de Petalou, puis bifurquer à droite sur la route de L'Holme et de Poinsac, qui se sépare de nouveau après 200 m. Continuer droit devant. Parvenir sur un replat ; passer devant une croix en pierre et s'engager entre les maisons de L'Holme.

(3) Alors que le GR 3 part à droite, prendre, à gauche, une voie gravillonnée puis un chemin de terre. Déboucher sur une route ; l'emprunter à droite sur une vingtaine de mètres pour atteindre la D 37. Prendre en face la route, entre terres cultivées et pâturages, passer à gauche d'une maison au lieu-dit Les Chambades avant de parvenir près du hameau de Bois-Rouillier. Continuer tout droit, traverser le bois des Gondous et parvenir à L'Herm, où une voie gravillonnée succède au chemin de terre. Passer entre les maisons du village ; lorsque la route vire à gauche, prendre une voie herbeuse entre des murettes, des arbres et des arbustes, puis rejoindre la D 38.

(4) La suivre sur 1 km *(possibilité d'utiliser la plupart du temps le bas-côté gauche non revêtu)* pour déboucher sur la D 27 à l'entrée du bourg. La prendre à droite pour parvenir au carrefour des D 27 et 49. Continuer droit devant sur la D 27 et passer à droite du cimetière avant de s'engager entre les maisons par l'avenue du Puy. Poursuivre par la rue Langlade et passer place d'Estaing avant de découvrir, à gauche, une rue qui se dirige vers l'abbatiale du Monastier.

11 km • 2 h 45 • Le Monastier-sur-Gazeille • 930 m

▶ Point de départ du sentier Stevenson, GR 70.

Une terre volcanique

Au sortir du Puy, le sentier grimpe sur le plateau, offrant des vues de plus en plus étendues sur le bassin du Puy et son site exceptionnel. Après le village d'Ours, il chemine entre la Garde d'Ours et celle de Mons. En géographie locale, on appelle «gardes» des cônes volcaniques aux formes arrondies qui ponctuent le plateau du Velay, au sud du Puy, sortes de grosses taupinières couvertes de pins au sommet.

Ces pins étaient jadis élagués pour en tirer des fagots destinés à la boulangerie, d'où les formes tourmentées et inhabituelles de ces arbres. Les flancs des gardes sont cultivés en raison de l'excellente qualité de leur terre. C'est l'occasion de signaler que la lentille verte est une spécialité du Puy, très différente de celle d'autres terroirs par son goût et sa qualité. Elle a maintenant la qualification d'A.O.C. De gros efforts de promotion sont faits pour relancer la lentille verte du Puy : un intermède gastronomique à ne pas dédaigner...

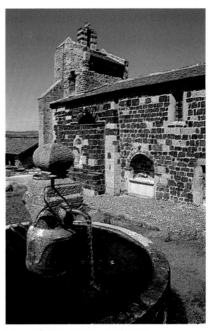

L'église Saint-Jean du Monastier. Elle emprunte ses teintes contrastées aux roches volcaniques du pays.

«A perte de vue, une ondulation de crêtes de collines se lève et disparaît derrière une autre, et quand on gravit une côte, ce n'est que pour voir une nouvelle chaîne au-delà.»
(Une Ville de montagne)
Stevenson évoque les environs du Monastier.

La vallée de la Loire

Après la traversée du plateau, qui offre de jolies vues sur le massif du Mézenc (1 754 m d'altitude), avec l'Alambre et, entre autres, la Tortue, bien reconnaissable à sa forme, le chemin descend dans la vallée de la Loire pour arriver à Coubon, commune sise à la périphérie du Puy-en-Velay et caractérisée par un habitat très dispersé.

La crue dévastatrice et de fréquence centennale du 20 septembre 1980 a eu au moins l'avantage de doter Coubon d'un pont moderne qui s'intègre bien dans le site, étant beaucoup plus discret que l'ancien ouvrage emporté par les eaux ce jour-là. La façade de l'église tourne le dos à la localité et regarde le cimetière tout proche. C'est un des rares exemples d'une disposition très générale autrefois en Velay, où le champ de repos était situé à l'ombre de l'église.

La rive droite de la Loire est dominée par le château de Bouzols, imposante forteresse dont le donjon date du XIIe siècle, perchée sur une butte de basalte aux formes abruptes du côté du fleuve. Après Coubon, en montant sur Archinaud, on voit le château de Poinsac, à droite, sur la crête boisée, un des six ou sept châteaux qui jalonnaient cette partie de la vallée aux abords de Coubon.

Le Monastier-sur-Gazeille

«C'est le point de départ de Robert Louis Stevenson : en août 1878, Le Monastier vit arriver un Écossais de 28 ans, un peu bohème mais très distingué, un peu ironique mais "pas fier". L'étonnement des gens du Monastier devant cet aventurier voyageur grandit pendant un mois jusqu'au jour où il quitte le pays avec Modes-

tine pour gagner Saint-Jean-du-Gard par Langogne et Florac. Il a laissé de son séjour au Monastier et de son périple des notes pleines de vivacité, contant avec malice le plaisir qu'il éprouvait à étonner les habitants dont il s'était fait des amis. Le chapitre sur Le Monastier retient la curiosité par les descriptions que fait Stevenson des dentellières, des marchés, des notables du pays, de la piété catholique d'alors (lui qui était protestant), des paysages, des femmes qu'il rencontre, etc. La finesse de ses propos est parfois gâtée par un peu d'autosatisfaction, mais Le Monastier lui pardonne volontiers quelques jugements ironiques.» *A. Crémilleux - Musée du Monastier*

La ville a bien changé depuis le passage de Stevenson : il n'y a plus de dentellières au coin des rues, et les luttes intestines entre partis rivaux se sont estompées... Une stèle marquant le point de départ de son périple, offerte en 1965 par une Américaine, Madame Betty Gladstone, est située non loin de l'église Saint-Jean (qui mérite une visite : couverte de lauzes, elle a été récemment restaurée et on y a découvert des fresques du XVIe siècle). La place entre l'église et la stèle porte le nom d'«Esplanade Stevenson».

L'histoire du Monastier est liée à la fondation au Ve siècle d'une abbaye bénédictine très importante qui rayonna sur tout le midi de la France. En 732, son second abbé, saint Chaffre ou Théofrède, fut tué par les Sarrasins. Au XIIe siècle, l'abbaye possédait 235 prieurés, dont 48 en Vivarais.

La façade polychrome de l'église abbatiale des XIe, XVe et XVIe siècles est remarquable par son décor sculpté et par les teintes très chaudes, ocre, pain grillé, rouge brique, des tufs et des brèches volcaniques qui la composent. Cette façade et une très riche iconographie ont fait de l'abbaye l'un des monuments majeurs de l'art roman du Velay. L'architecture intérieure est de style roman bourguignon. Derrière le chœur, une chapelle Renaissance au plafond formé de caissons sculptés en grès clair retient l'attention. Ne pas manquer de voir le trésor, dont le plus bel élément est le buste reliquaire en bois lamé d'argent de saint Chaffre. L'orgue, daté de 1518, entièrement restauré, est l'un des quatre ou cinq plus anciens d'Europe. Son buffet est remarquable.

Au-dessus de l'église, on découvre la masse imposante du château, résidence du prieur de l'ancienne abbaye, édifié en 1365 par Jacques de Causans et reconstruit en 1525 par Charles de Sennecterre.

Il abrite un petit musée fort intéressant, créé en 1980, qui occupe les six salles avec tours rondes et cheminées armoriées du rez-de-chaussée ; il présente tout ce qui concerne la vie rurale d'autrefois en Velay : costumes, outils, mobilier, traditions ; il s'intéresse aussi à la dentelle, l'archéologie, au mémorial Stevenson, et des expositions nouvelles sont proposées chaque année.

La mairie, installée dans les bâtiments monastiques du XVIIe siècle, présente aussi des photos du viaduc de la Recoumène, splendide ouvrage d'art à huit arches, en basalte bleu sombre, construit en 1922 pour la voie ferrée transcévenole, qui ne fonctionna jamais. Situé à un kilomètre du bourg, il mérite une visite car c'est un chef-d'œuvre du genre, alliant élégance et hardiesse, dû à un grand ingénieur au service du PLM, Paul Séjourné, qui fut le dernier constructeur de ponts en maçonnerie de grande portée. Ce viaduc est devenu le centre européen du saut à l'élastique.

Vue du Monastier, dessin de Stevenson publié dans son *Journal de route* (p. 81).

L'hiver au Monastier

[Le Monastier] se trouve au flanc d'un coteau, à environ quinze milles du Puy, sur une route abrupte où les loups poursuivent quelquefois la diligence en hiver... Le nom de la rivière a pu être inspiré par le bruit de l'eau sur les pierres, car elle gazouille bien, et le soir, une fois dans mon lit au Monastier, je l'entendais chanter dans la vallée avant de m'endormir. (...) L'hiver sur ces plateaux est une saison dangereuse et mélancolique. Les maisons sont bloquées par la neige et les voyageurs sont perdus dans la tourmente à portée de voix de leur propre foyer. Nul ne se risque à sortir sans un morceau de viande et une bouteille de vin qu'il remplit à chaque cabaret et même dans ces conditions, il prend la route avec le frisson. (*Une Ville de montagne*)

IGN carte N° 2736 - 2836

Emprunter la rue Saint-Pierre jusqu'à la place de la Poste *(stèle commémorative indiquant le point de départ du chemin de Stevenson)*. Poursuivre sur la rue principale, qui devient la rue Saint-Jean.

⑤ Place Saint-Jean, suivre la rue Henri-Debard, passer à droite du village de vacances de la CCAS-EDF ; négliger successivement un chemin partant à gauche, une route partant à droite, le chemin sans issue à l'entrée du lotissement et enfin une autre route partant à droite. Emprunter la route en direction des courts de tennis et du camping ; traverser la Gazeille sur un petit pont et poursuivre sur le chemin qui passe à droite de l'auberge du Moulin de Savin.

Continuer sur le large chemin et pénétrer dans le bois de Malaval. Le chemin, caillouteux, se poursuit tantôt en montée tantôt en descente avant de déboucher dans un carrefour ; emprunter le chemin de droite et poursuivre pour atteindre le plateau. Continuer droit devant entre un bois à gauche et un champ à droite. Franchir un ru et se diriger vers Le Cluzel. Aux premières maisons, prendre droit devant le large sentier qui gagne le hameau de Courmarcès.

4 km · 1 h · Courmarcès · 975 m

⑥ Emprunter la route de gauche puis celle de droite ; virer à gauche sur un large chemin de terre. Traverser une vallée pour parvenir aux premières maisons du Cros.

⑦ Laisser la route à gauche pour tourner à droite sur un chemin ; passer près d'un abreuvoir et rejoindre une route. Emprunter celle-ci à droite et virer à gauche sur un sentier qui passe près d'un stade. Plus loin, traverser la D 49 où l'on retrouve le GR 3, pour parvenir à Saint-Martin-de-Fugères.

3 km · 45 min · Saint-Martin-de-Fugères · 1 000 m

🛒 🚌

Continuer jusqu'au monument aux morts. Passer devant l'église et déboucher de nouveau sur la D 49. L'emprunter sur 100 m en direction de Goudet et l'abandonner pour poursuivre sur un chemin à gauche ; l'emprunter sur environ 250 m.

D u Monastier, le sentier gagne la vallée de la Gazeille, jalonnée d'anciens moulins, pour remonter sur le plateau, d'où émergent quelques cônes au sommet arrondi (altitude moyenne de 1 150 m), anciens volcans aux formes usées. Après Saint-Martin-de-Fugères, où Stevenson s'arrêta, la descente sur Goudet offre de jolies vues sur la rive gauche de la Loire, aux gorges très abruptes. En aval de Goudet, rive gauche, une belle coulée de lave borde le fleuve.

Près de Saint-Martin-de-Fugères.

Le village de Châteauneuf, non loin du Monastier.

Sur les rives de la Loire

La Loire, le plus grand fleuve de France avec 1 012 kilomètres, prend sa source en Ardèche au mont Gerbier-de-Jonc, à 25 kilomètres environ de son arrivée en Haute-Loire. Ce n'est au départ qu'un simple filet d'eau qui coule dans une écurie. La Loire a été au premier plan de l'actualité fin 1993 lorsque le gouvernement a pris la décision d'abandonner le barrage de

Serre-de-Lafarre, près de Chadron, à 15 kilomètres en aval de Goudet. Cet ouvrage, réclamé par l'EPALA (Établissement Public pour l'Aménagement de la Loire et de ses Affluents) pour des raisons de sécurité et pour soutenir les étiages, aurait fait perdre à la Loire son caractère sauvage et naturel. Une association très active a mené un combat efficace contre ce barrage, et elle a eu la satisfaction de voir ses efforts couronnés de succès.

A Goudet, l'hôtel Senac, où s'arrêta notre voyageur, existe encore mais il porte le nom d'Hôtel de la Loire. Sur la rive gauche se dressent les ruines du château de Beaufort, que Stevenson dessina dans son journal de voyage. Après avoir franchi le fleuve, le sentier monte sur Montagnac, au-dessous duquel se trouvent des grottes creusées dans la pouzzolane. Ce mot vient de Pozzuoli, ville proche de Naples où les matériaux d'origine volcanique, laves et cendres, sont abondants.

L'ânier novice dut faire usage de son bâton face aux humeurs de Modestine.

Je ris, je cours, je saute et je chante de joie

Voici (...) l'aveu de Hazlitt, dans son essai sur le voyage *On Going on a Journey* qui est si bon que l'on devrait mettre à l'amende tous ceux qui ne l'ont pas lu : «Donnez-moi le ciel clair au-dessus de la tête et la verdure sous les pieds, une route sinueuse devant moi, trois heures de marche jusqu'au dîner – et ensuite je me mettrai à penser ! Il y a bien des chances que je lève quelque gibier sur ces landes solitaires. Je ris, je cours, je saute et je chante de joie !» (...) Je ne dois pas omettre de dire un mot des bivouacs. On arrive à une borne milliaire sur un coteau, ou à un endroit où des chemins creux se croisent sous les arbres ; voilà le sac qui tombe, et l'on s'assied pour fumer une pipe à l'ombre. On descend en soi-même et les oiseaux s'approchent pour vous regarder ; la fumée se disperse dans l'atmosphère de l'après-midi sous le dôme de l'azur, le soleil réchauffe les pieds, l'air frais caresse le cou et relève le col de la chemise ouverte.

Si l'on n'est pas heureux, c'est que l'on a mauvaise conscience. (...)

Mais c'est la nuit, et après le dîner, que vient le meilleur moment. Il n'y a pas de meilleures pipes que celle que l'on fume après une bonne journée de marche. (...) Si l'on finit la journée sur un grog, on reconnaîtra qu'il n'eut jamais son pareil. (...) Si on fait une lecture, (...) on découvre que la langue en est étrangement vigoureuse et harmonieuse. (...) Si la soirée est belle et chaude, rien ne vaut la flânerie à la porte de l'auberge au coucher du soleil, ou se pencher sur le parapet du pont et regarder les herbes et les poissons rapides. C'est le moment ou jamais de savourer la jovialité, au sens plein de ce mot audacieux. Les muscles sont si agréablement détendus, on se sent si net, si fort, si oisif, qu'en mouvement ou immobile, on fait tout avec fierté et avec une sorte de plaisir royal. On se met à parler avec tout le monde, le sage ou l'insensé, l'homme pris de boisson ou non. Il semble alors qu'une promenade sous la chaleur nous ait purgés plus qu'autre chose de toute étroitesse et de tout orgueil, et ait laissé la curiosité tenir librement son rôle (...). On met de côté toutes les manies pour voir les humeurs de la province s'exprimer devant soi, tantôt comme une farce risible, tantôt graves et belles comme un conte d'antan. *(Des Promenades à pied)*

Les ruines du château de Beaufort, vues de Goudet. Dessin de Stevenson publié dans son *Journal de route* (p. 40 de l'édition critique, 1991.)

En chemin...

8 Bifurquer à gauche, sur un autre chemin qui mène 1 km plus loin à la ferme de Prémajoux. Négliger le chemin de gauche et emprunter, à main droite, un chemin qui pénètre dans un bois. Se maintenir sur le chemin sinueux et étroit et parvenir à la D 49 ; la couper et emprunter droit devant un chemin qui conduit aux premières maisons de Goudet.

2,5 km • 30 mln • Goudet • 785 m

Passer devant la mairie puis tourner à droite.

▶ *Jonction avec le GR 40 : Tour du Velay.*
▶ *Jonction avec le GR 3 : Sentier de la Loire.*

Plus loin, atteindre la D 49 ; l'emprunter à droite pour franchir la Loire. Poursuivre jusqu'à un chemin caillouteux, près du parking du château de Beaufort.

9 L'emprunter en descente et atteindre un ruisseau ; le traverser sur un pont métallique et s'élever de l'autre côté sur ce sentier, qui devient très caillouteux.

10 Laisser partir, à gauche, le balisage du GR 3 *(à Arlempdes, hôtel)* et continuer, à droite, sur le GR 40. Parvenir aux premières maisons de Montagnac.

2 km • 30 mln • Montagnac • 950 m

Traverser le village en négligeant deux chemins partant à main droite et en abandonnant le balisage du GR 40, qui vire à gauche. Emprunter un chemin de terre, à droite, sur 300 m.

11 Tourner à gauche puis, tout de suite après, à droite. Continuer droit devant pour rejoindre la D 54. L'emprunter à main droite et rejoindre la D 49 ; poursuivre à gauche sur cette dernière pour atteindre Ussel.

2,5 km • 40 mln • Ussel • 1 025 m

Emprunter à gauche la D 491 et traverser le village.

12 Quitter la départementale près de l'ancienne école pour suivre, à droite, un chemin de terre. Passer à gauche d'un réservoir d'eau et continuer droit devant ; après 2 km environ, on parvient au village de Bargettes.

3 km • 45 mln • Bargettes • 1 085 m

Le village de Goudet, où «la Loire, claire comme du cristal, repose en un petit lac profond».

En chemin vers Le Bouchet

Après Ussel, on arrive à Bargettes, village traversé par la RN 88. Sur la droite, on aperçoit Costaros, en latin *Costa rossa*, «Côte rouge», à cause de la couleur de la terre dans cette région. Avant d'arriver au Bouchet-Saint-Nicolas, on découvre une carrière de pouzzolane en activité, qui forme une énorme plaie béante au flanc de la montagne de Preyssac.

Le Bouchet-Saint-Nicolas (1 025 m d'altitude) ne possède rien qui retienne fran-

Il faisait une chaleur torride dans la vallée, le soleil dardait d'aplomb sur mes épaules. Il n'y avait pas de vent, et je dus peiner avec mon bâton, si obstinément que la sueur me coulait dans les yeux. Aussi toutes les cinq minutes le chargement, le panier et la houppelande penchaient affreusement d'un côté ou de l'autre. Je devais arrêter Modestine au moment où je lui avais fait prendre une bonne allure d'environ deux milles à l'heure, pour tirer, pousser, équilibrer et ajuster la charge. Et voilà qu'enfin à Ussel (village dont je répugne à écrire le nom), la selle et tout le reste, tout mon barda, se retourne et s'affale dans la poussière sous le ventre de l'ânesse. Sans en être plus heureuse, elle s'arrêta et parut esquisser un sourire, et un groupe de gens, un homme, deux femmes et des enfants qui s'approchèrent en forme de cercle, l'encouragèrent de l'exemple. J'eus un mal du diable à remettre tout cela d'aplomb, et dès que j'eus fini, sans une hésitation, tout s'écroula et retomba de l'autre côté. Jugez si j'avais chaud ! Et personne ne m'offrit de l'aide. (...)

Je dus simplement me contenter du paquetage pour Modestine, ce qui me laissa, pour tout bagage à porter : une canne, une gourde, une vareuse aux poches lourdement chargées, deux livres de pain noir, un panier découvert rempli de victuailles et de bouteilles. Je peux dire, je le crois, que je ne suis pas sans grandeur d'âme, car je ne reculai pas devant cet infâme fardeau. Le ciel sait comment je disposai ce fardeau pour le rendre transportable en douceur.

(Journal de route en Cévennes)

chement l'attention, sauf une maison ancienne, en bordure du CD 31, dont les pierres d'angle sont ornées de bas-reliefs curieux, impossibles à dater car il s'agit d'art populaire. La maison où Stevenson coucha existe encore, et l'on peut visiter la chambre qu'il occupa, paraît-il.

Un kilomètre et demi plus loin, le lac du Bouchet, de forme circulaire, dans son écrin de sapins mérite une visite. C'est un lac de cratère dont l'alimentation reste mystérieuse. Des plongeurs de Marseille se livrent à des études scientifiques poussées pour déterminer son origine et sa formation.

Le lac du Bouchet.

Du Bouchet à Pradelles

Durant cette étape, le sentier traverse un haut plateau relativement monotone, situé à la limite des bassins de la Loire et de l'Allier. Il n'y a pas de lignes de crête assez nettes pour qu'on puisse découvrir à la fois les deux chaînes de montagne qui barrent l'horizon à l'est (celle du Mézenc) et à l'ouest (celle de la Margeride).

Le gros bourg de Landos regroupe la plupart des services du canton de Pradelles, très affecté par l'exode rural. Amorcé dès

**Stevenson à Ussel.
Le bât de Modestine ayant mordu la poussière, Stevenson finit par porter lui-même son bagage sous les sarcasmes des gens du pays.**

avant 1914, le mouvement s'est poursuivi entre les deux guerres et, après 1950, il s'est intensifié suite aux mesures prises pour favoriser le départ à la retraite des agriculteurs âgés. Conjugué au vieillissement de la population, le phénomène a conduit à la désertification de certaines communes excentrées...

Landos, dont le développement est assez récent (à partir de 1938), possède une très belle église romane, en brèche rougeâtre,

«Le ciel était couvert de nuages, le vent sifflait sur le plateau nu ; la seule note de couleur était, loin derrière, le Mézenc (...)» vu du Bouchet-Saint-Nicolas.

aux formes massives, bien adaptée au climat rude du pays. Certains jours d'hiver, le vent souffle en tempête et soulève la neige, qui forme des congères au moindre obstacle. Le voyageur aveuglé par la tourmente peut alors perdre son chemin et périr d'épuisement. C'était assez fréquent dans le passé, mais cela est encore arrivé en 1980 dans le canton de Pradelles.

L'itinéraire emprunté par Stevenson n'est pas précisé dans son compte rendu de voyage. Le tracé ici proposé suit la vallée de l'Allier, à flanc de coteau, en traversant Jagonas (château des XIXe et XXe siècles), puis Arquejol, dominé par un ancien volcan de forme très caractéristique. On passe au pied du rocher de Lafagette (1 255 m d'altitude) avant d'arriver à Pradelles.

Une petite capitale des montagnes

Pradelles, «ce nom suffit à lui seul à caractériser le site où la prairie se déroule à l'ombre longue et toujours fraîche des frênes centenaires» (Jean Arsac).

Cet ancien *castrum*, c'est-à-dire «bourg fortifié», déjà cité en 1043, était un centre d'échanges commerciaux au carrefour des routes menant du Velay en Gévaudan et en Vivarais. Sous l'Ancien Régime, Pradelles était une petite capitale des montagnes, rattachée au Vivarais sur les plans administratif et religieux, ce qui explique le grand nombre d'hommes de loi et d'ecclésiastiques qui y résidaient.

En parcourant les rues tortueuses qui partent de la place de la Halle, on découvre de nombreux vestiges de ce riche passé, formant un ensemble qui a obtenu en 1977 l'appellation officielle de «site classé». Reste de l'enceinte fortifiée le porche de la Verdette, lequel commémore le souvenir d'une héroïne locale qui parvint à repousser, à l'aube du 10 mars 1588, l'attaque d'une bande de protestants en jetant du haut des remparts une grosse pierre sur la tête du chef des assaillants. La cité se glorifiait alors d'être «un bastion de la foi, où jamais l'hérésie ne prit racine».

L'église paroissiale, toute proche, est un édifice moderne construit en 1904. Elle a remplacé une église romane vétuste qui ne pouvait plus satisfaire aux besoins des quelque 1 800 habitants d'alors. Hélas, la guerre de 1914 fit subir à la commune une terrible hémorragie, dont elle ne se releva pas. Aujourd'hui, Pradelles, «station verte de vacances», a placé dans le tourisme l'essentiel de ses espoirs...

Dans le bas de la ville, la chapelle de Notre-Dame, construite en 1623, conserve une statue de la Vierge, objet de pèlerinages autrefois très fréquentés dans un rayon de 20 à 30 kilomètres. Une curieuse coutume décrite dans un texte de 1672 consistait à «introduire dans la chapelle, en guise d'offrande, des animaux domestiques, avec des chandelles allumées aux cornes, lesquels ne faisaient jamais le moindre immondice dans la maison de la mère de Dieu. On en vit même plier le genou au passage du Saint-Sacrement, à la honte de beaucoup de chrétiens.»

Le culte de la Vierge et les pèlerinages avaient été confiés par la municipalité en 1612 aux frères prêcheurs (ordre de Saint-Dominique) qui résidaient dans le couvent situé en face de la chapelle et dont il ne reste que la belle porte de style espagnol, encadrée de pointes de diamant, visible sous le porche qui faisait communiquer la chapelle et le couvent. En bon protestant, Stevenson négligea de visiter la chapelle malgré l'invitation de la patronne de l'auberge où il déjeuna.

On signale le passage de Mandrin à Pradelles le 16 octobre 1754, qui, à la tête d'une horde de contrebandiers, extorqua sous la menace des pistolets 2 000 livres à l'entrepositaire des tabacs.

Près de la chapelle, la maison de retraite a pris la suite d'un hospice datant du Moyen Âge, qui accueillait les voyageurs et les pèlerins en route pour Saint-Gilles. Une statuette de ce saint a été placée sur une chapelle funéraire au coin du cimetière, en bordure de l'ancienne route royale, en service jusqu'en 1848, qui suivait le tracé de l'antique voie régordane des chansons de geste, redécouverte par Marcel Girault il y a 30 ans.

A 50 mètres de la maison de retraite, un sentier conduit au sommet de la butte d'Ardennes, belvédère sur la vallée de l'Allier et le Gévaudan où le miroir argenté du barrage-réservoir de Naussac scintille au milieu des forêts.

Une exposition folklorique à «l'Oustalou» présente tout ce qui concerne l'histoire de la région de Pradelles et de ses habitants, témoignage d'un passé attachant mais à jamais révolu.

Bernard FÉMINIER

Le hameau d'Arquejol,
situé à 1 007 m d'altitude, peu après Jagonas.

Couper la N 88 en empruntant le passage souterrain ; virer à droite sur le chemin herbeux qui s'élève, traverse l'ancienne ligne de chemin de fer (Le Puy - Langogne) et monte tout droit. Négliger un premier chemin partant à droite *(possibilité, en empruntant ce chemin, de gagner le village de Costaros : ravitaillement, restaurant, cars)* et au carrefour virer sur le chemin de droite. Au croisement suivant, emprunter le chemin de gauche et parvenir aux premières maisons du hameau de Preyssac ; le traverser.

Plus loin, négliger le chemin partant à droite pour continuer droit devant. Après un virage à angle droit, parvenir à une intersection.

⑬ Emprunter le chemin à droite et atteindre la D 31, qui conduit au village du Bouchet-Saint-Nicolas.

5 km • 1 h 15 • Le Bouchet-Saint-Nicolas • 1 025 m

⑭ A la sortie du village, emprunter le large chemin de terre à droite de l'agence postale. Passer près d'un réservoir d'eau puis au pied du mont Fouey. Continuer en droite ligne, en direction du sud-est. Plus loin, le chemin devient route. Suivre cette voie jusqu'aux premières maisons de Landos.

6 km • 1 h 30 • Landos • 1 100 m

Passer à gauche de la salle des fêtes et parvenir sur la place du village. Couper la D 88, passer à droite de la mairie et emprunter la petite voie goudronnée. Virer à gauche près de l'abreuvoir, puis à droite, et continuer jusqu'à la voie ferrée, près de la croix.

⑮ Tourner à droite sur un chemin de terre. A un carrefour, poursuivre droit devant pour atteindre une bifurcation. Virer sur le chemin de gauche et, après environ 1,5 km, passer à gauche d'un grand bâtiment à l'entrée du village de Jagonas.

3 km • 45 min • Jagonas • 1 050 m

Avant les premières habitations, tourner à gauche sur un chemin de terre qui s'infléchit et reprend ensuite son élévation. Négliger un premier chemin partant à gauche. Emprunter le second chemin, également à gauche, qui descend dans la vallée. A la première intersection, tourner à gauche sur un chemin de terre qui s'infléchit et reprend ensuite son élévation, puis qui vire à gauche pour parvenir à un carrefour.

⑯ Tourner à gauche sur le chemin qui descend dans la vallée. Emprunter le pont et poursuivre pour parvenir à une intersection. Se diriger plein sud, puis sud-est en direction d'Arquejol.

2 km • 30 min • Arquejol • 1 007 m

Avant les premières maisons d'Arquejol, virer à droite sur la route goudronnée. Dans le village, bifurquer à gauche et atteindre un carrefour.

(17) Tourner à gauche sur le chemin qui traverse la vallée (vue sur le viaduc d'Arquejol) et se poursuit ensuite en élévation. A une intersection, virer à gauche et passer sous la voie ferrée. Suivre le chemin à gauche et parvenir à l'orée d'un bois.

(18) Sur la droite, poursuivre jusqu'à la D 284 ; la traverser et continuer droit devant sur un large chemin de terre ; parvenir à un carrefour de chemins juste avant une ligne électrique à haute tension. Continuer droit devant. Plus loin, descendre dans la vallée, traverser à gué le ruisseau de Bangeasse ; de l'autre côté, suivre le chemin à droite puis à gauche et longer un bois. Prendre à gauche et continuer dans le bois. Après 500 m environ, atteindre un carrefour de chemins.

(19) S'engager sur celui de droite et continuer jusqu'à la D 40. L'emprunter à main droite pour entrer dans Pradelles.

8,5 km • 2 h • Pradelles • 1 150 m

A Pradelles, rejoindre la N 88 pour parvenir à la place du Foirail. Couper la route nationale et descendre en face jusqu'à la place de la Halle ; la traverser, passer près d'une fontaine et virer à gauche en empruntant la rue de Mazel.
(Plaque commémorative dédiée à Jeanne de Verdette qui, durant la guerre de Cent Ans, osa lancer un pavé sur le capitaine Chamband et, de ce fait, sauva la ville de Pradelles de l'occupation.)

Plus loin, emprunter une petite rue pavée et passer sous une arche *(on peut voir, à gauche, la chapelle Notre-Dame-de-Pradelles)*. Passer à gauche de la maison de retraite et poursuivre sur le chemin à droite du cimetière. Traverser ensuite la D 28 et continuer droit devant sur un large chemin durant un peu plus de 1,5 km.

(20) Au carrefour, négliger le chemin partant à gauche et celui qui se dirige vers Le Masel pour prendre, entre ces deux chemins, un sentier qui longe la bordure de la forêt et rejoint une route. Tourner à gauche et atteindre la N 88 ; l'emprunter sur la droite, passer par l'aire de pique-nique avant de traverser l'Allier et pénétrer dans Langogne.

5,5 km • 1 h 15 • Langogne • 915 m

Quelques témoins d'autrefois

Avec un peu de chance, le marcheur pourra découvrir, dans l'un ou l'autre des villages traversés, quelques témoins de la vie d'autrefois dans nos campagnes, lorsque les habitants y vivaient à peu près en autarcie, avant que le progrès et la société de consommation ne les aient complètement transformées.

Les croix. Elles sont très nombreuses et ont plusieurs significations : croix de chemins pour la protection des voyageurs, croix de carrefours, croix de cimetières, croix de missions. Les plus anciennes datent du XVe siècle et les plus récentes du XIXe. On en trouve en fer forgé ou en pierre, de style et de taille très variables, depuis la modeste croix posée directement sur un mur, à l'angle d'un champ, jusqu'à l'imposante croix érigée en souvenir d'une mission au XIXe siècle sur un piédestal monumental, au centre d'une place. Il n'est pas possible de signaler leur emplacement précis tout au long du Sentier Stevenson ; la surprise de leur découverte n'en sera que plus agréable.

Le lavoir. Lieu traditionnel de réunion et d'échange entre lavandières, il était le plus souvent à ciel ouvert pour profiter du soleil, mais protégé du vent par des murettes. Le lavoir est à présent envahi par les herbes, délaissé mais d'autant plus émouvant par les souvenirs qu'il évoque.

L'abreuvoir. Souvent situé près du lavoir et de la fontaine, l'abreuvoir était constitué par deux ou trois bacs en pierre de taille, du grès provenant des carrières de Blavozy, près du Puy.

Il servait à l'abreuvement des bestiaux lorsqu'on ne les menait pas au pâturage. C'était quelquefois l'occasion de luttes à coups de cornes quand deux troupeaux s'y rencontraient par hasard. Tout cela se passait dans la boue qui entourait les bacs et sous les aboiements des chiens accompagnant les animaux. En hiver, la nuit tombant tôt, il fallait se munir d'une lanterne pour escorter le bétail. A présent, il existe des abreuvoirs automatiques dans chaque écurie : il n'y a plus de boue

Pradelles et le lac de Naussac aménagé entre 1977 et 1981, qui a métamorphosé le paysage.

autour des bacs, devenus à peu près inutiles, et, comble du progrès, ils sont éclairés *a giorno* toute la nuit !

Le métier à ferrer. Chaque village possédait cet outil indispensable à toute exploitation agricole parce qu'il fallait protéger les sabots des bœufs de labour pour éviter que la corne ne s'use. Il était constitué de montants en bois à l'origine, puis en fer lorsque ce matériau est devenu d'usage courant. La mécanisation de l'agriculture a conduit à l'abandon total de cet appareil, dont il ne subsiste plus que de rares exemplaires.

Le four banal. Dans la région du Meygal-Mézenc, il en existe de magnifiques, couverts en lauze et bien entretenus, mais au sud du Puy ils sont plus frustes, couverts de tuiles creuses et trop souvent abandonnés à leur triste sort.

Quelques-uns ont été restaurés et sont le théâtre chaque année d'une fête très conviviale durant laquelle on cuit le pain de seigle et les tripes selon les rites du temps passé.

La maison d'assemblée. Les villages du Velay disposaient presque tous d'une maison commune où vivait une «béate», religieuse rattachée à la congrégation de l'Enfant-Jésus du Puy, mais qui ne prononçait pas de vœux. Nourrie par les habitants, elle s'occupait de donner aux enfants les rudiments de l'instruction primaire avant les lois Jules Ferry de 1881. Elle enseignait aussi le catéchisme et donnait quelques soins aux malades. La cloche qui surmontait sa modeste maison servait à sonner l'angélus ou à annoncer d'autres événements pieux comme le Mois de Marie.

Certaines maisons d'assemblée ont été très bien restaurées avec leur mobilier, comme celle de Mailhac, sur la commune d'Alleyrac, près du Monastier. La Communauté Européenne et la Région Auvergne ont participé au financement de cette opération.

Bernard FÉMINIER

L e lac de Naussac est visible bien avant Pradelles. Ce barrage-réservoir de 1 100 hectares, fait pour soutenir l'étiage de l'Allier et de la Loire, est alimenté par un affluent de l'Allier, le Donauzau, et par une partie des eaux du Chapeauroux détournées grâce à une conduite de 1 700 mètres de long. Le village du «vieux Naussac», aux fermes séculaires faites de granite et de lave, est maintenant englouti. Étrange coïncidence, cette cuvette fut au temps préhistorique un lac naturel dominé par le mont Milan, où est situé un oppidum gaulois. Le lac artificiel de Naussac (dont on peut faire le tour à pied – 7 kilomètres – ou à VTT et où, à partir de la base de voile, tous les sports nautiques peuvent être pratiqués) aura-t-il, lui aussi, sa légende ? Peut-être racontera-t-elle les exploits du géant Gargantua, dont le souvenir hante cette contrée... Sa gigantesque silhouette écrasera sans doute les ruines d'un habitat gallo-romain qui exista à Lago-de-Naussac.

«Pradelles se dresse à flanc de coteau, très haut au-dessus de l'Allier, entouré de riches prairies en pente. Sur l'autre rive de l'Allier, la terre s'élevait sur des milles jusqu'à l'horizon. (...) J'étais maintenant à l'extrémité du Velay et tout ce que j'apercevais appartenait à un autre pays, le Gévaudan sauvage.» *(Journal de route en Cévennes)*

LE GÉVAUDAN

LANGOGNE / LES ALPIERS

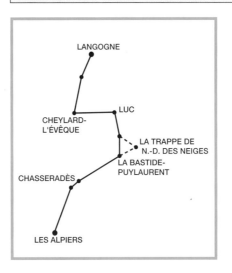

LANGOGNE

LUC

CHEYLARD-
L'ÉVÊQUE

LA TRAPPE DE
N.-D. DES NEIGES

LA BASTIDE-
PUYLAURENT

CHASSERADÈS

LES ALPIERS

*Ayant franchi le pont de Langogne sur l'Allier,
Stevenson entre en Gévaudan, le pays
de «la bête férosse» (sic), le «Napoléon Bonaparte
des loups», qui a semé la terreur plus de cent ans
avant le passage de Stevenson, mais dont le souvenir
hante toujours les habitants.
Évoquant ces hautes terres rudes, Stevenson parle de
«la lande, des marécages couverts de bruyère,
des étendues de rochers et de pins, de petits bosquets
de bouleaux», des chaumières, des champs, mais aussi
du vent qui rugit dans les arbres le soir venu,
et pourchasse des lambeaux de brume à travers le ciel.
C'est là, depuis les crêtes boisées, qu'il découvre
la Trappe de Notre-Dame-des-Neiges,
aujourd'hui encore asile de silence et de recueillement ;
c'est là qu'il passe une nuit de rêve sous les pins,
dans la montagne du Goulet, où, désormais,
la forêt occupe presque tout l'espace.*

**La forêt domaniale de la Gardille,
essentiellement plantée de résineux.**

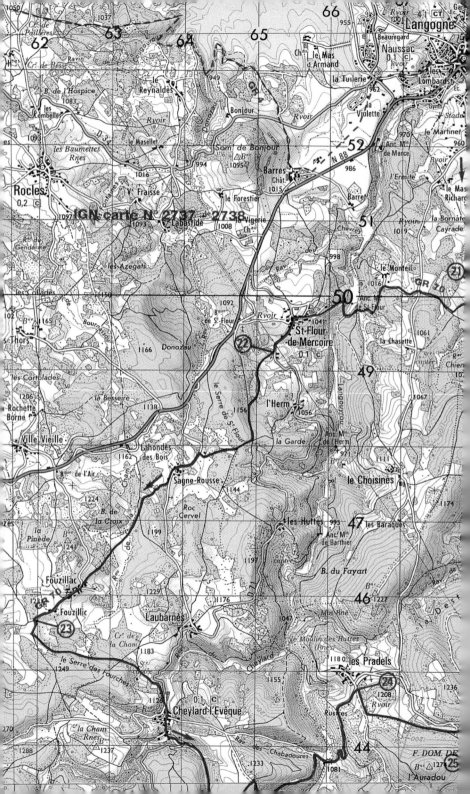

A Langogne, emprunter à droite la route de la zone industrielle. Prendre ensuite à gauche, passer sous le pont SNCF puis devant la gare ; là, prendre la rue des Capucins, la suivre pour passer vers la halle. Au monument aux morts, traverser le boulevard, prendre la rue du Vieux-Pont, atteindre la route de Villefort et la suivre. Prendre à droite le chemin du stade, continuer tout droit au carrefour suivant. Avant d'atteindre Brugeyrolles, bifurquer dans le chemin de droite.

(21) 800 m plus loin, prendre à droite le chemin d'exploitation sur 500 m environ et tourner à droi-te pour atteindre une route, la traverser. Emprunter en face la route du Monteils ; avant d'arri-ver au hameau, s'engager dans le chemin de gauche pour rejoindre Saint-Flour-de-Mercoire.

7 km • 2 h 00 • Saint-Flour-de-Mercoire • 1 049 m

À la sortie du village, emprunter la D 71.

(22) La quitter dans un virage pour prendre à droite un chemin traversant le bois de la Garde, en direction du Sud-Ouest. Plus loin, franchir un ruisseau et atteindre une route qui traverse Sagne-Rousse. A la sortie, emprunter le chemin à droite pour entrer de nouveau dans un bois, franchir le ruisseau de la Cham et se diriger vers Fouzillac. Atteindre une route, traverser le hameau et parvenir, 500 m plus loin, à une intersection.

(23) Emprunter le chemin de gauche et, au carrefour suivant, de nouveau celui de gauche pour entrer dans un bois ; le traverser puis amorcer la descente vers Cheylard-l'Évêque.

9 km • 2 h 15 • Cheylard-l'Évêque • 1 125 m

Traverser le village en empruntant la D 71, franchir le ruisseau du Cheylard, à la maison forestière, puis quitter la route pour suivre un chemin à droite qui monte dans la forêt. Parvenir à une intersection. Suivre le chemin à gauche et, à la croisée de sentiers suivante, tourner à droite. Poursuivre puis traverser un bois pour atteindre une route. L'emprunter à droite et fran-chir le ruisseau du Langouyrou. De l'autre côté, le GR coupe la route en plusieurs raccourcis et remonte en direction du hameau des Pradels jusqu'à un carrefour.

(24) Emprunter, à droite, la piste bordée d'abreuvoirs ; la quitter environ 600 m plus loin pour prendre un chemin sur la gauche. Poursuivre en direction de l'Est et, plus loin, longer un ruis-seau, continuer en longeant la forêt pour atteindre le lac de Louradou.

**Rencontre avec une petite fille sur le pont de Langogne,
aux portes du Gévaudan.**

Langogne en Gévaudan

Pour le passant pressé d'arriver dans les gorges du Tarn ou sur les bords de la Méditerranée, Langogne est simplement une large et longue avenue. Cet avaleur de kilomètres ne connaîtra pas le charme secret du vieux Langogne, enclavé dans la ville neuve.

Ce Langogne originel fut construit dans la viguerie de Miliac. Son nom figure pour la première fois officiellement dans les actes de fondation de l'église et de son prieuré. En 998, le vicomte de Gévaudan, Étienne, et sa femme, Angelmode, firent construire la première église, achevée en 999. Ils confient aux bénédictins de la puissante abbaye de Saint-Chaffre du Monastier-en-Velay l'édification d'un centre religieux. Sous l'autorité de douze moines, un monastère est bâti. Aux XIe et XIIe siècles, une église conforme à la liturgie bénédictine remplace l'église primitive – c'est celle qu'on voit actuellement, une construction romane de style bourguignon, classée «monument historique». On peut y admirer une centaine

de chapiteaux aux sculptures variées qui font découvrir le monde maléfique des terreurs mystiques du Moyen Âge ; sous des représentations symboliques, le Bien et le Mal s'affrontent. Autour de ce noyau religieux s'édifie une petite cité protégée par des remparts, bâtis sur un plan circu-

laire, construits à la fin du XIIe siècle. Il est encore facile d'imaginer ce Langogne occupant le «petit tour de ville» flanqué de cinq tours restaurées.

Langogne connut les méfaits occasionnés, pendant la guerre de Cent Ans, par les Anglais et leurs bandits de routiers cantonnés à Châteauneuf-de-Randon ; puis, au début du XVe siècle, vinrent les luttes entre Armagnac et Bourguignons et, en 1568, durant les guerres de Religion, une armée huguenote, partie d'Alès avec 9 000 protestants, saccage l'église, détruit entièrement le prieuré qui occupait la place des Moines. Cette ville mutilée se reconstruit vers 1600 ; le style roman y est remplacé par le gothique flamboyant. Les remparts effondrés, la ville s'étend en dehors de l'enceinte primitive. Le «petit tour de ville», malgré bien des maladresses, conserve encore le souvenir du passé. Plusieurs maisons présentent un détail architectural intéressant : une fenêtre à meneaux, un portail en pierres appareillées, des portes surmontées d'accolades, des encorbellements qui cachent des escaliers à vis. Accrochés à de vieux murs, d'étranges têtes sculptées qui pourraient être gauloises, des écussons avec des dates : 1605, 1617. A l'extérieur de cette enceinte, la chapelle des Pénitents, construite au XVIIIe siècle, abrita la confrérie des Pénitents instituée en 1628. La halle, classée «monument historique», massive, imposante, érigée vers 1743, abrita les importantes transactions de grains qui se faisaient à cette époque. De nos jours, elle accueille les marchés hebdomadaires et diverses manifestations traditionnelles.

D'ici, le cœur de la ville, partent de petites routes montantes. L'une d'entre elles, la rue Haute, fut sans doute un chaînon d'une voie celtique menant à l'oppidum du mont Milan. Elle a conservé quelques souvenirs émouvants de son passé : fenestrons avec des vitraux à armature de plomb, des dates sur les portails en pierres appareillées : 1621, 1622, 1685,

**Langogne : la halle
classée «monument historique».**

1717, 1778, des enseignes rouillées, des anneaux de fer où l'on attachait les montures. C'étaient les rues des tisserands, des drapiers, des cardeurs, des fileuses. Cette activité textile a donné, pendant des siècles, une grande animation à ce quartier maintenant endormi.

**Cheylard-l'Évêque : la chapelle
dominant le bourg.**

Tout le long de la montée de Langogne, pluie et grêle se succédèrent ; des nuages abondants et rapides, certains amenant des rideaux d'averse drue, d'autres en lumineuses masses comme pour annoncer la neige, cinglaient du nord et me suivaient sur mon sentier, le vent fraîchissait régulièrement mais lentement. (...) Je me trouvai bientôt hors du bassin cultivé de l'Allier, loin des bœufs de labour et d'autres spectacles de campagne. La lande, des marécages couverts de bruyères, des étendues de rochers et de pins, de petits bosquets de bouleaux tout sertis d'or automnal, çà et là quelques chaumières sans apprêt, et des champs froids ; tels étaient les traits du pays. Collines et vallées se succédaient ; les petites ornières vertes et pierreuses des charrettes s'écartaient, se rejoignaient, se divisaient en trois ou quatre autres et disparaissaient aux endroits marécageux et reprenaient irrégulièrement à flanc de coteau et surtout aux abords d'un bois.
(Journal de route en Cévennes)

IGN carte N° 2737 - 2738

Prendre le sentier d'interprétation à gauche pour rejoindre un chemin plus large qui longe une route bitumée, la suivre sur 500 m environ, prendre à droite un sentier entre la forêt et le pâturage. Dans la descente, le GR coupe plusieurs fois la route, passe à proximité d'un château pour atteindre Luc.

12 km • 3 h • Luc • 971 m

Traverser le village, passer à côté de l'église et rejoindre la D 906 ; la suivre jusqu'aux premières maisons de Pranlac.

 Emprunter la D 154 à gauche et passer sur le pont au-dessus de l'Allier *(la rivière marque la limite entre la Lozère et l'Ardèche).* Traverser le village de Laveyrune. Passer près de l'église et poursuivre plein sud. Plus loin, quitter la D 154 pour prendre à gauche le chemin qui descend le long des prés du village de Rogleton.

4 km • 1 h • Rogleton • 990 m

 Traverser une route et continuer en face sur 50 m jusqu'à l'intersection du GR de Pays Tour de la Montagne ardéchoise (qui part à l'est vers Notre-Dame-des-Neiges).

Variante (non balisée)

Emprunter un sentier qui se dirige vers l'est, coupe deux routes et longe le ruisseau du Bois de Serres. Poursuivre par un sentier sinueux qui monte au Coulet de Pecoyol. Suivre le balisage blanc-rouge du GR 7 jusqu'à la croix du Pal. Tourner à droite pour suivre le GR 7-72 qui passe à La Felgère pour aboutir à la Trappe de Notre-Dame-des-Neiges.

8 km • 2 h • Trappe de Notre-Dame-des-Neiges • 1 081 m

Accueil possible à l'hôtellerie dans la limite des places disponibles.
En 45 min, les GR 7 et 72 permettent de rejoindre La Bastide-Puylaurent.

Le GR 70 emprunte à droite la route qui coupe la D 906, franchit l'Allier et se dirige vers le hameau du Fraisse.

▶ **Jonction avec le GR 7 :** le suivre à gauche pour arriver à La Bastide-Puylaurent.

Notre-Dame-des-Neiges.

Un petit déjeuner réconfortant à l'auberge, avant de gravir les pentes du mont Lozère.

Le chemin de Régordane

Dominant le bourg de Luc, d'où une vue remarquable est offerte sur la vallée de l'Allier, les ruines du château attirent l'attention. Construit avant le XIIᵉ siècle sur un emplacement celtique, il fut l'un des plus importants de la région. Agrandi au fil des alliances, il a gardé les signes imposants d'une forteresse militaire. Gardien du chemin de Régordane (chemin de pèlerinage de Saint-Gilles), point stratégique entre les provinces du Gévaudan et du Vivarais, il a successivement appartenu aux plus illustres familles seigneuriales des alentours : Anduze, Randon, Polignac et, au XVIIIᵉ siècle, à Peyrenc de Moras et Merle. Après les guerres de Religion, durant lesquelles y a été installée, à plusieurs reprises, une garnison à pied et à cheval, il semble avoir été démantelé sur l'ordre de Richelieu, vers 1630.

La Révolution, l'abolition des droits féodaux, la rigueur du climat, le défi du temps l'ont conduit à son état de dégradation actuel. Classé «monument historique» en 1978, l'association «Les Amis du château de Luc» organise chaque année des fouilles et entreprend des réparations. Bientôt, on pourra monter au sommet de la haute tour, d'où l'on pourra admirer toute la chaîne des Puys et les sommets du Vivarais et du Velay.

La voie Régordane, ancestrale, serait le tronçon cévenol de l'ancienne route de Paris au bas Languedoc qui traversait le Massif central par Clermont, Brioude, Le Puy, Pradelles, Lesperon, Luc, La Bastide, Prévenchères, Alès, Nîmes, Saint-Gilles. Ce nom de «Régordane» ne s'appliquait qu'à la portion entre Alès et Luc.

Elle vit défiler des milliers de transhumants, des cortèges de Phéniciens, de Grecs, de Romains, de guerriers, de pèlerins qui partaient d'Orléans pour se rendre à la célèbre abbaye de Saint-Gilles, de marchands transitant du nord au sud pour vendre des draps et toiles des Flandres ou du sud au nord pour acheminer des produits d'Orient, des épices, des étoffes précieuses, et, en 1295, des marins génois enrôlés par le roi de France pour envahir l'Angleterre...

L'origine du nom ? Dérivé de celui d'un empereur romain : Gordien ou Gordimes ? Mot celte venant de «rec» ou de «reg» : vallée, cours d'eau ? Ourdan : chemin de passage ? Regords : agneaux nés tardivement pendant la transhumance ? Recurtenda : voie qui raccourcit ? Rigourdaine ? Dans plusieurs contrées (Anjou, Bourgogne), ce mot signifiait «plaisanterie, blague».

«Régordane» était aussi le nom d'une famille qui, aux XIIᵉ, XIIIᵉ et XVᵉ siècles, compta plusieurs membres juristes à Montpellier et Alès. Cette voie royale fut supplantée après le XVᵉ siècle par la rectiligne de la vallée du Rhône.

La transhumance

A l'âge du fer, l'homo sapiens a eu l'idée d'élever, de domestiquer les moutons, restés à l'état sauvage pendant huit à dix mille ans et qui fuyaient par instinct les plaines trop ensoleillées du Midi, aux herbes desséchées, pour atteindre les sommets du mont Lozère, du Goulet. Alors, les hommes se mirent à les suivre, la transhumance commença : «Fasem la dralha» (du latin *trans*, au-delà, et *humus*, terre). Elle sera active jusqu'au début du XXᵉ siècle, qui la verra décliner rapidement.

Beaucoup de troupeaux du Languedoc, ceux d'Aigues-Mortes, de Saint-Gilles, Nîmes, Saint-Jean-du-Gard, sont rassemblés et les voici sur une des principales drailles : la Gévaudanaise, dite grande draille du Languedoc et même «draille de César». Son parcours : Anduze, Alès, col de Jalcreste, Le Bougès, col de la Croix de Berthel, traversée du Tarn au Pont-de-Montvert, escalade du mont Lozère, Finiels, le Lot franchi au Bleymard ; la draille monte au Goulet puis se scinde en plusieurs branches : plaine de Montbel, plateau du Palais du Roi, Margeride, Aubrac, forêt de Mercoire...

Ces moutons sont précédés par un bouc, le «menon», aux cornes enrubannées ; suivent les béliers, les «berous», portant une énorme sonnaille, la «clarine», le «draillaou», orchestre du cortège. Avec l'avant-garde, quelques chèvres : leur lait sert à l'allaitement des agnelets. Et les ânes, portant des corbeilles où l'on met provisions de bouche pour les bergers et agneaux nouveau-nés. Sur le dos de certains béliers, au moment de la tonte, on laisse un «floc» de laine coloré par une mixture rougeâtre – une survivance de l'Antiquité. D'après la tradition, les Grecs décoraient ainsi leurs troupeaux pour attirer la protection du dieu Soleil. La «curaille», les bêtes vieilles ou malades, ferme la marche, houspillée par les chiens.

Précédés par le chef, le «majourau», les bergers arrivent accompagnés par les apprentis bergers, les «trapastes», qui assurent la bonne marche du troupeau : il faut faire 2,5 à 3 kilomètres à l'heure et parcourir de 20 à 25 kilomètres par jour. Tous ces bergers sont protégés du froid par leur «capa», grand manteau en toile de bâche doublé d'un tissu de laine et muni d'un capuchon.

Marie-Louise BARBARAY

«Luc même, en double rangée désordonnée de toitures, était enclavé sur le coteau, invisible d'en haut. (...) (Il) n'offrait d'autre attrait remarquable que le vieux château au-dessus avec ses sacrés cinquante quintaux de Madone toute neuve.» *(Journal de route en Cévennes)*

NOTRE-DAME-DES-NEIGES

«J'arrivais maintenant à peu de distance de mon étrange
destination, la Trappe de Notre-Dame-des-Neiges. (...)
L'horizon, vers le sud, se dégageait et, s'enhardissant à chaque pas,
la route gagna un bois de pins gris, avec une Vierge blanche au coin.
Je bifurquai à gauche et poursuivis ma route (...) vers cet asile de silence.
A peine avais-je fait quelques pas que le vent
m'apporta le tintement d'une cloche.»
(Journal de route en Cévennes)

Située à 1 100 m d'altitude, sur les hauts plateaux boisés des montagnes du Vivarais, l'abbaye de Notre-Dame-des-Neiges fut fondée en 1850, renouant ainsi le fil d'or d'une tradition monastique instaurée quelque 700 ans plus tôt dans la région par l'abbaye de Mazan. Lorsque les moines cisterciens vinrent s'établir en ces lieux, leur amour pour l'Immaculée, les cimes longtemps enneigées et, par-dessus tout, l'acte officiel de fondation entériné le 5 août, jour même de la fête de Notre-Dame-des-Neiges, tout les invitait à se placer sous ce gracieux patronage. Stevenson y fit halte et décrit longuement son séjour au monastère dans le *Journal de route*.

Douze ans après son passage, donc en 1890, l'abbaye reçut Charles de Foucauld parmi ses novices, et son souvenir est bien loin de s'estomper. Il acheva sa vie de trappiste par l'ordination sacerdotale, en 1901, et partit aussitôt pour le Sahara, où une mort tragique attendait l'ermite de Tamanrasset.

Dans la nuit du 27 au 28 janvier 1912, un incendie détruisit le bâtiment principal du monastère. Il fut reconstruit aussitôt, en deux ans, et le chanoine Léon Laurens, de Mende, en fut l'architecte. Au lieu de le réédifier dans le creux du vallon, trop humide, on le plaça à flanc de montagne, dans un site bien ensoleillé. La majes-

Rarement me suis-je approché d'un lieu avec une frayeur plus intense que du monastère de Notre-Dame-des-Neiges ; voilà ce que c'est d'avoir reçu une éducation protestante ! Et soudain, à un tournant, la frayeur me saisit de la tête aux pieds. Je sentis mon pouls bourdonner dans tout le corps. (...) Ce fut un choc profond pour moi de découvrir un frère du Moyen Âge en train de se débattre avec une brouettée de gazon. Il était là en robe blanche, avec son capuchon noir. (...) Devais-je m'adresser à quelqu'un qui a fait vœu de silence ? (...) J'appris par lui avec déplaisir que je ne pouvais être reçu au monastère. On pourrait me donner un repas, mais c'était tout. (...)
Les bâtiments, au nombre de quatre, sont carrés, blancs et laids, sans autre signe distinctif qu'un beffroi et deux pignons en ardoise.
(*Journal de route en Cévennes*)

tueuse façade reproduit exactement celle du monastère incendié, dont on a récupéré chaque pierre.

Pendant la guerre de 1939-1945, Robert Schuman vint quelque temps se réfugier à la Trappe. Entre 1959 et 1982, on construisit divers bâtiments annexes, dont l'hôtellerie, qui accueille pour des séjours ou des retraites ceux qui veulent goûter cette ambiance monastique de prière et de silence.

On aménagea les caves, vrai gagne-pain de la communauté. Non seulement les pères et les frères continuent la fabrication du vin de messe, inaugurée en 1900, mais grâce aux raisins achetés aux viticulteurs du Midi, à Bellegarde, les trappistes produisent des vins de table appréciés et un mousseux bien connu sous le nom de «Fleur des Neiges». Nombreux sont les visiteurs qui profitent de leur passage pour s'approvisionner aux chais et aux magasins de la Trappe.

Ces moines font de ce travail une vraie prière. Mais beaucoup de leur temps se passe à la chapelle, à chanter l'office divin : des laudes du petit matin aux complies de la nuit tombante,

ils psalmodient les heures de bréviaire, et les visiteurs peuvent les voir immobiles dans leurs stalles ou évoluant avec grâce dans le chœur et puiser dans l'harmonie apaisante de leurs voix une grande joie spirituelle.

Ces moines disciples de saint Bernard, qui vivent au milieu des bois, dans un cadre serein, ont su parfaitement marier l'action à la contemplation, «dans la solitude, pour la réussite de la terre, la paix des hommes et la gloire de Dieu».

Abbé Félix BUFFIÈRE

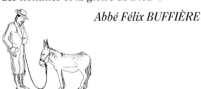

La communauté de Notre-Dame-des-Neiges produit un excellent vin de table apprécié des visiteurs.

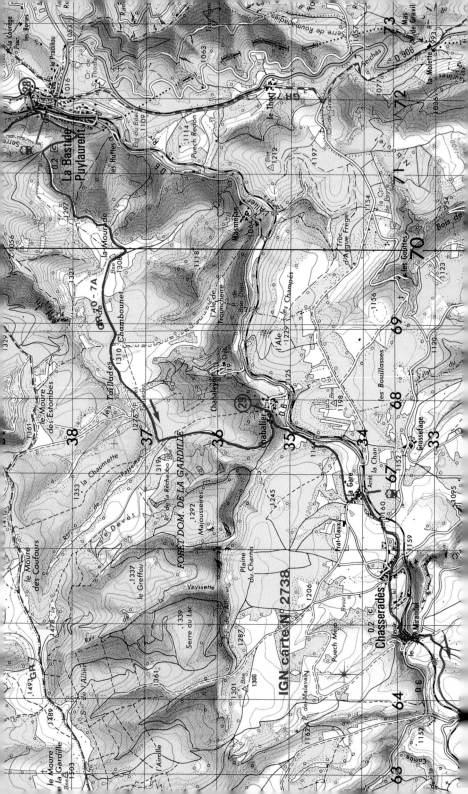

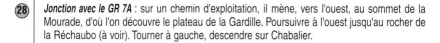

3 km • 45 min • La Bastide-Puylaurent • 1 024 m

Depuis La Bastide-Puylaurent, Robert Louis Stevenson rejoignit la Trappe de Notre-Dame-des-Neiges, où il passa trois jours en compagnie des moines.

Au passage à niveau, laisser le GR 7 qui part vers l'est.

(28) *Jonction avec le GR 7A* : sur un chemin d'exploitation, il mène, vers l'ouest, au sommet de la Mourade, d'où l'on découvre le plateau de la Gardille. Poursuivre à l'ouest jusqu'au rocher de la Réchaubo (à voir). Tourner à gauche, descendre sur Chabalier.

(29) Emprunter la route à droite, franchir le pont sur l'Allier. S'engager à droite sur l'ancien chemin qui traverse le ruisseau de Fontaleyres puis arrive à la halte SNCF de Chasseradès. Emprunter ensuite la D 6 pour gagner le village de Chasseradès.

12 km • 3 h • Chasseradès • 1 150 m

A l'église, prendre le chemin de **Mirandol** *(gîte d'étape)*, passer sous le viaduc et suivre un chemin longeant la voie ferrée jusqu'à L'Estampe.

Le viaduc de Mirandol

C'est le plus grand ouvrage d'art sur la voie ferroviaire Mende - La Bastide, qui passe à 1 215 mètres d'altitude et détient presque un record : elle est seulement battue par le Transpyrénéen. De toutes les lignes du réseau du Midi, elle est celle qui connaît le plus grand nombre de difficultés, allant jusqu'à l'interruption totale du trafic, et ceci malgré les très nombreux pare-neige en bois, les galeries couvertes de dalles placées dans les zones les plus exposées aux vents créant de très hautes congères de neige.

Stevenson a partagé une chambre à l'auberge de Chasseradès, le 27 septembre 1878, avec des hommes occupés à faire des relevés en vue de la construction de ce viaduc, mais la ligne ne fut ouverte que vingt-quatre ans plus tard. Il était prévu de passer sous la montagne du Goulet par un tunnel de 2 124 mètres de long, qui protégerait la ligne où l'enneigement. On abandonna ce projet, sacrifiant les trois millions de francs de travaux déjà réalisés pour cette construction.

De nos jours, l'autorail passe comme un bolide sur le viaduc. Il est loin le temps des trains tirés par deux locomotives à vapeur fumant de tous côtés. En 1925, la durée du parcours Mende - La Bastide était de 2 h 16. Actuellement, l'autorail express Mende - La Bastide - Alès - Nîmes - Montpellier met trois heures. Cette ligne est une des plus pittoresques de France, desservant des lieux d'où l'on peut partir à la recherche de menhirs, dolmens, rochers à cupule, montjoies (voir pages 80 et 81), chemins ancestraux utilisés depuis l'Antiquité par les croisés, les transhumants, les muletiers... et les randonneurs.

Chasseradès

«Chasseradès, village délabré entre deux rangées de collines dénudées», écrit Stevenson. Faux ! C'est un bourg très accueillant où les touristes viennent nombreux en été. Sur la place principale, l'église Saint-Blaise a l'allure d'une forteresse ; son clocher est une tour carrée, massive, à plusieurs étages, qui vient d'être entièrement restaurée. Sa décoration romane du XIIe siècle offre surtout de beaux chapiteaux sculptés.

Ici, on peut quitter le GR Chasseradès-Mirandol-Le Bleymard pour prendre un chemin qui part à droite et mène à une clairière où coule un ruisselet. Là, à gauche, jaillissant de la prairie, une haute pente avec tours, créneaux... Un château en ruine ? Non, c'est l'extraordinaire rocher de la Réchaubo, à 1 318 mètres d'altitude, avec ses cheminées carrées, sa pente verticale, ses parois percées de nombreuses petites cavités. Cette crête déchiquetée, c'est en miniature les «Dentelles de Montmirail» du Vaucluse ! Le rocher est un filon rhyolitique, injecté de quartz, apparu à la faveur d'une faille appartenant à l'orogenèse hercynienne, c'est-à-dire il y a au moins 300 millions d'années.

La légende veut que des voleurs venus du «bas pays», qui avaient des mulets chargés de besaces pour transporter leur butin, pillaient les châteaux sur leur route et cachaient leurs trésors dans des salles aménagées dans cette roche percée de nombreux trous. Un jour, ils avaient dérobé tant d'or qu'ils décidèrent de faire «un veau d'or». Ils le cachèrent dans une des failles du rocher... Celle-ci se referma derrière eux. Bien sûr, ils étaient les seuls à connaître le mot magique qui la ferait s'entrouvrir. Personne n'a jamais trouvé ce fameux «veau d'or». Plus tard, au temps des guerres de Religion et de la Révolution, ces failles ont servi à cacher des religieux, notamment. A quelle époque cette histoire aurait-elle pu se passer ? Si, depuis la haute Antiquité, les muletiers sont allés du «pays d'en bas» au «pays d'en haut», du pays chaud où pousse la vigne au pays froid pour échanger vin, huile d'olive et sel contre paille, fourrage, fourme, viande salée, blé, seigle, orge et lentilles, ce n'est qu'aux Xe et XIe siècles que s'organisa véritablement ce commerce. Il sera en pleine expansion au XVIIIe siècle, comme le prouvent les nombreuses plaques muletières datées de cette époque.

Marie-Louise BARBARAY

Stevenson à L'Estampe.

Ma route passait d'abord par le plateau et soudain plongeait dans le ravin de Chassezac. C'est un petit ruban vert de prairies, bien dissimulé loin du monde par ses rives abruptes, avec, çà et là, un village enfoui dont les fumées montaient parmi les genêts. Soudain, après un pont, la route quittait ce creux charmant et se mettait vigoureusement à gravir la montagne du Goulet. Elle montait en lacets à travers L'Estampe le long des champs sur le plateau et des bois de hêtres et de bouleaux, et, à chaque tournant, elle m'offrait un intérêt nouveau.

Depuis le goulet de Chassezac, j'avais entendu un bruit, et comme je continuais à m'élever, cela se trouva être la note de la corne champêtre d'un berger qui menait aux champs ses troupeaux. La rue étroite de L'Estampe était encombrée de moutons, des noirs et des blancs, d'un mur à l'autre, tous bêlant et faisant tinter leur cloche autour de leur cou. (...) Un peu plus haut, je passai devant deux hommes dans un arbre maniant des serpes d'élagage, l'un d'eux chantant un air de bourrée. Encore plus loin, tandis que je me frayais un chemin à travers les bouleaux, les cocoricos me vinrent gaiement aux oreilles, avec la mélodie d'une flûte répandant un air rythmé et plaintif depuis l'un des hameaux du plateau. (...) Tous ces jolis bruits intéressants me remplirent le cœur d'une attente inhabituelle et il me sembla qu'une fois cette crête franchie, je descendrais dans un éden de vergers roses et printaniers, de paisibles ruisseaux et d'ailes de moulins à vent qui tourneraient dans un ciel rouge d'éternel couchant. Je ne fus pas trompé, car j'en avais désormais fini avec les pluies, les vents et un pays froid.

(*Journal de route en Cévennes*)

La forêt domaniale du Goulet

Elle s'étend sur environ 1 250 hectares, entre 850 et 1 460 m d'altitude. Elle repose sur des sols bruns situés sur des schistes ou des micaschistes. (Il est à noter que c'est dans le massif du Goulet que le Lot prend sa source. Un aménagement paysager, conçu par un architecte spécialisé, est en cours de réalisation au niveau du captage des sources de l'Allier, au sud du Moure de la Gardille, par la commune de Chasseradès.) La forêt est essentiellement composée d'essences résineuses. On y trouve 40 % d'épicéas communs, 15 % de sapins pectinés, 10 % de pins sylvestres, 25 % de divers résineux (pins laricio de Corse, pins noirs d'Autriche, pins à crochets, mélèzes d'Europe) et 10 % de feuillus, dont le plus représenté est le hêtre.

La forêt domaniale est aménagée en deux séries :
• Celle de Valescure-Serreméjan (740 hectares) possède de jeunes peuplements sur 60 % de sa surface. Elle est traitée en futaie régulière (une futaie est un peuplement dont les arbres sont issus de graines). L'objectif est de produire du bois d'œuvre résineux de qualité, destiné à la charpente, la décoration, l'ameublement ou aux petits sciages, mais aussi de maintenir la présence du hêtre.
• Celle de Chassezac-Malaval (510 hectares) est constituée de terrains non

Le Chassezac.

encore boisés, de très jeunes peuplements issus de plantations récentes et de quelques peuplements adultes de pins sylvestres relativement médiocres. Elle est aussi traitée en futaie régulière. Sa vocation est de produire du bois d'industrie (destiné aux papeteries) et du bois d'œuvre résineux, et de maintenir les sols (qui subiraient une forte érosion sans la présence de la forêt).

Élise-Marie VAUTIER

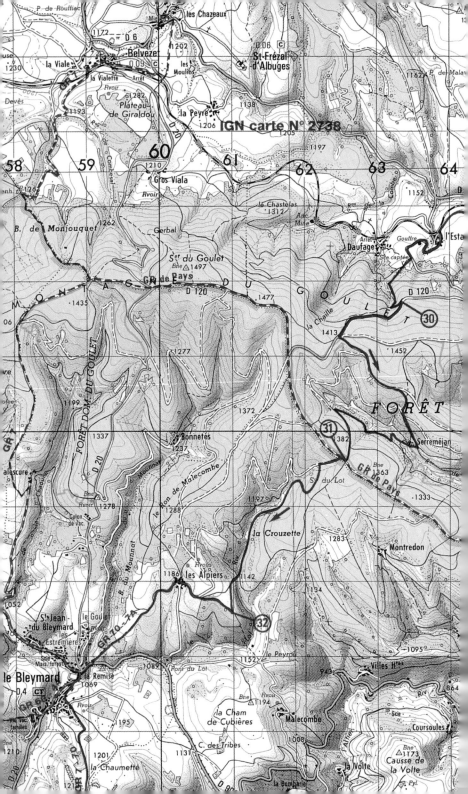

Contourner le hameau par le sud en empruntant un raccourci qui évite un lacet de la route. A un petit réservoir d'eau en bordure d'un champ, quitter la route à droite. Monter dans la forêt domaniale du Goulet, en direction du sud-ouest, jusqu'à la D 120.

30 La suivre jusqu'à un col, à l'altitude de 1 413 m. Tourner à gauche pour gagner, par un chemin carrossable, le hameau en ruine de Serreméjan *(source)*. Plus loin, franchir un ruisseau. A la jonction des deux pistes, prendre celle de droite, traverser une petite combe, puis, à l'intersection suivante, tourner à gauche. Se diriger vers la crête pour atteindre une large piste, la Draille des Mulets.

31 Tourner à droite et, après environ 20 m, tourner à gauche. Emprunter une piste qui descend vers la source du Lot. Suivre la rivière, négliger un sentier sur la gauche pour emprunter, à l'intersection suivante, le chemin de gauche. S'éloigner progressivement du Lot pour parvenir à une croisée de sentiers.

32 Tourner à droite et rejoindre une route qui permet de gagner le hameau des Alpiers.

14 km • 4 h • Les Alpiers • 1 186 m

Poursuivre, en direction du sud-ouest, sur un chemin et atteindre une route qui, à droite, se dirige vers Le Bleymard.

Les sources du Lot, rivière que l'on suit un moment avant de gagner le hameau des Alpiers.

La bête du Gévaudan : «le Napoléon Bonaparte des loups»

Sous le règne de Louis XV, époque où commence cette tragique histoire, il y a en France et ailleurs de nombreuses hordes de loups. Il est prouvé qu'elles font d'importants ravages en Gévaudan. Toute la région est battue et rebattue. On tue des loups, on en tue même beaucoup, mais les ravins profonds permettent aux plus vaillants de survivre. Vers 1638, les grands carnages cessent. On ne parle que de quelques petits bergers dévorés ici ou là et pourtant, en Gévaudan, de 1740 à 1778, on tua 2 178 loups, pour lesquels des primes furent attribuées. Puis vint... «la Bête».

Légende ou vérité ?

Dans les premiers jours de juin 1764, Langogne est en émoi... Une femme vient de rentrer des champs, les vêtements en lambeaux. Un étrange animal l'a attaquée dans un pré. Elle doit la vie aux cornes de ses vaches. La description qu'elle donne de cette bête laisse les Langonais ébahis ! Elle ressemble à un loup, mais sa taille est beaucoup plus allongée, ses griffes fort grandes, son poil de couleur fauve, sa gueule énorme, sa queue épaisse et elle a une grosse raie noire tout le long du dos...

Elle tue beaucoup de femmes, d'enfants, des bergers, de petites bergères ; elle attaque au petit matin, à midi, à la tombée de la nuit, en pleine nuit ; elle tue au printemps, en été, en automne, en hiver.

Elle fait trembler l'Auvergne et le Velay. A plusieurs reprises, on pense l'avoir abattue, mais les attaques continuent pendant trois ans, jusqu'au 19 juin 1767, quand un paysan tue «la Bête». C'est un étrange loup, rougeâtre, à la tête très grosse et surtout au museau allongé, beaucoup plus que ceux des individus de sa race. Ses oreilles, ses pattes, d'après plusieurs écrivains, ne sont pas celles d'un loup.

Alors, que faut-il en conclure ? Une certitude : à partir de ce jour-là, les carnages cessèrent.

Le Gévaudan sauvage

C'était en effet la terre de la Bête mémorable, «le Napoléon Bonaparte des loups». Quelle carrière que la sienne ! Il vécut dix mois en liberté dans le Gévaudan et le Vivarais, il mangea des femmes et «des bergères réputées pour leur beauté». Il poursuivit les cavaliers armés ; on l'avait vu, en plein midi, poursuivre une chaise de poste et le cavalier d'escorte sur la grand'route royale, la poste et le postillon s'enfuyant au galop devant lui. Il figurait en placard, comme un criminel politique, et sa tête était mise à prix pour dix mille francs. Pourtant, quand il fut tué et envoyé à Versailles, voilà que ce n'était pas un loup comme les autres, et petit par-dessus le marché.
(Journal de route en Cévennes)

Une richesse floristique exceptionnelle

En Lozère, avec toutes ces «usines à oxygène» que sont les forêts, l'air a toujours été d'une pureté totale, ce qui a permis à la flore, existant depuis 150 millions d'années ou plus, de préserver l'ensemble de ses espèces (y ont été recensées 80 à 90 % des plantes médicinales), d'offrir une très grande diversité et de compter en son sein des fleurs aux couleurs éblouissantes.

Selon les saisons, le perce-neige, le daphné-méseruem, dit «bois gentil», l'hépatique, appelée si joliment par les Suisses «fille avant la mère» parce que ses fleurs d'un bleu pervenche apparaissent avant ses feuilles, crocus blanc et mauve, anémone pulsatille, corydale, primevère, lierre terrestre, violette des bois, pain de coucou, potentille, populage, ficaire, aconit, jonquille, narcisse, scille, géranium des forêts, bleu violacé, épilobe rose vif montant à l'assaut des pentes... D'éblouissantes digitales de pourpre, de délicates grappes de verges d'or, l'imposant bouillon blanc, surnommé «bonhomme», de fragiles et odorants bouquets de reines-des-prés, les ombrelles voluptueuses des angéliques, d'innombrables mille-feuilles, appelées «l'herbe des charpentiers» ou «le sourcil de Vénus», etc.

Partout, la senteur entêtante des genêts, odeur de l'abandon... Et puis la merveille des merveilles : le lis Martagon, plante protégée. Sans oublier les hautes gentianes jaunes, qui vivent jusqu'à cinquante ans mais ne fleurissent qu'à leur dixième année. Leurs racines, utilisées depuis toujours pour guérir la goutte et l'anémie, soignent aujourd'hui, sous

forme de poudre, les troubles digestifs. Des extraits de ces racines sont à la base d'un apéritif fort connu et délicieux. Attention ! Ne pas confondre les racines des gentianes jaunes avec celles du vératre, plante vénéneuse dont les feuilles sont alternes, contrairement à la gentiane. Autre racine utilisée dans les temps anciens pour guérir presque toutes les maladies : celle de l'angélique-archangélique.

Pour fabriquer de la liqueur d'angélique, il faut 100 g de tiges vertes de cette plante, 3 g de muscade, 3 g de cannelle, 2,5 litres d'eau-de-vie, 1 litre d'eau, 2 kg de sucre. Et pour faire du punch, très apprécié des malades : 30 g de racines coupées en tranches minces, 1 litre d'eau bouillante, 4 cl d'eau-de-vie, 100 g de sirop de vinaigre.

Marie-Louise
BARBARAY

Les champignons. On voit parfois des personnes bêcher afin d'effectuer une cueillette plus rapide ; mais les années d'après, il n'y a plus de champignons dans le sous-bois, car leur appareil végétatif, constitué de filaments souterrains ramifiés, appelés mycéliums, a été arraché.

Il faut donc prendre soin de couper le pied du champignon avec un couteau ou de le cueillir à sa base, sans ôter ses filaments. Ainsi continuerons-nous de trouver cèpes, bolets, hautes coulemelles, tricholomes prétentieux, gris, tricholomes équestres couleur de soufre, cortinaires violets, chanterelles, lactaires délicieux...

LE MONT LOZÈRE

LES ALPIERS / LE PONT-DE-MONTVERT

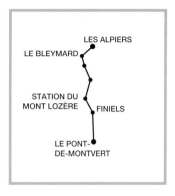

LES ALPIERS
LE BLEYMARD
STATION DU
MONT LOZÈRE   FINIELS
LE PONT-
DE-MONTVERT

«Le mont Lozère s'étend presque d'ouest en
est ; (...) son point culminant, le pic de
Finiels où je me trouvais,
s'élève à plus de cinq mille six cents pieds
au-dessus de la mer et par beau temps
permet à la vue d'embrasser
tout le bas Languedoc
jusqu'à la Méditerranée.»
De ce belvédère, Stevenson contemple
surtout les Cévennes, les Cévennes
des Camisards, haut lieu de la résistance
protestante.
Il y ressent la force du vent,
qui, souvent, souffle en tempête
sur ces croupes dénudées où s'affrontent
les masses d'air atlantiques
et méditerranéennes.
Partout, des boules de granite percent
la pelouse d'altitude, autrefois domaine
des transhumants.
Sur les crêtes, des colonnes de pierre
jalonnent les chemins, parfois marqués
avec des croix de Malte rappelant
la présence des moines-chevaliers.

Sur le mont Lozère, au milieu des chaos de granite.

2 km • 30 min • Le Bleymard (La Remise) • 1 069 m

🏨 ⛺ 🛒 🍴 ☕ 🚌 ℹ️

▶ *Jonction avec les GR 7, 68 et 44.*

Traverser le village ; le quitter par le chemin du cimetière et monter au col Santel.

2 km • 50 min • col Santel • 1 200 m

(33) Emprunter le sentier qui se dirige plein sud pour gravir le mont Lozère. Plus loin, rejoindre la D 20 à la station du mont Lozère.

3 km • 1 h 10 • station du mont Lozère • 1 421 m

🏠 🏨 ☕ 🍴

Le balisage est espacé et discret jusqu'au repère 34.

Suivre les hautes montjoies de granite *(monceaux de pierres indiquant le chemin, que Robert Louis Stevenson suivit lui aussi lors de son périple ; balisage très espacé)* qui permettent de monter à l'ancien col de Finiels.

(On peut remarquer, sur certaines de ces montjoies, des croix de Malte qui marquent la limite de la propriété que les chevaliers de Malte de l'ordre de Saint-Jean-de-Jérusalem possédaient sur le mont Lozère.)

(34) Tourner à droite et atteindre, après environ 800 m, le sommet de Finiels (1 699 m) *(le plus haut sommet de Lozère)*, que l'on reconnaît grâce au point géodésique.

(En direction du sud, vue panoramique sur les Cévennes.)

Quitter le sommet en se dirigeant, plein sud, vers la route forestière des Crêtes. S'engager à gauche sur environ 100 m, puis tourner à droite, en direction de la route forestière des Nègres. L'emprunter à droite sur environ 50 m jusqu'à une intersection.

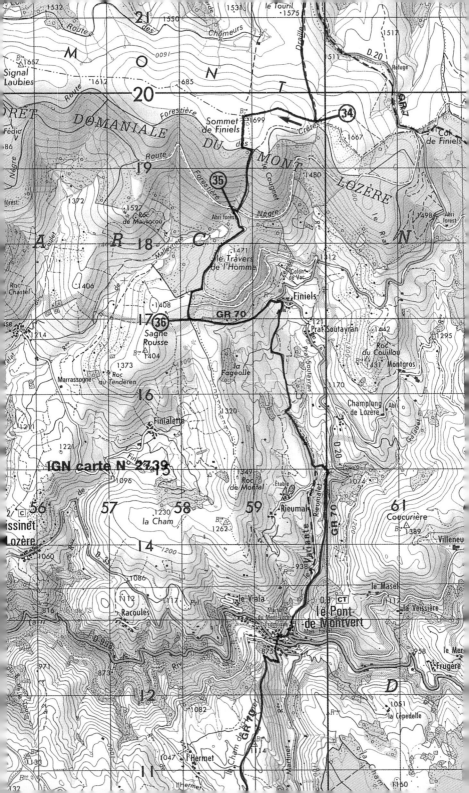

Stevenson sur le mont Lozère, contemplant les Cévennes :
«Tel le vaillant Cortez quand, avec des yeux d'aigle, il fixa le Pacifique»,
je pris possession, en mon nom, d'une nouvelle partie du monde.
Car voici que (...) s'offraient à moi une échappée sur l'air brumeux du ciel
et un labyrinthe de collines bleues à nos pieds.
(Journal de route en Cévennes)

(35) Tourner à gauche sur une piste, passer près d'un refuge forestier et contourner le Travers de l'Homme. Laisser la piste pour prendre le pare-feu qui descend jusqu'à une intersection.

(36) Emprunter le chemin d'exploitation à gauche qui se dirige vers Finiels.

8 km • 3 h • Finiels • 1 220 m

A l'entrée du village, emprunter l'ancien chemin de Finiels au Pont-de-Montvert, bordé d'arbres, qui passe devant un bâtiment agricole moderne. Continuer sur la piste d'exploitation et, à une intersection, emprunter le chemin de gauche. Descendre dans un vallon, passer entre deux clôtures et traverser le ruisseau du Rieubellet. Rejoindre un mur de pierre, le suivre au-dessus d'une pâture *(en cas de crue, remonter tout droit la piste de Rieumal, puis la route)*. Redescendre sur la gauche en deux lacets pour franchir le Rieumalet. Suivre la piste, enjamber le ruisseau du Galadet. Prendre un chemin herbeux en contrebas de la D 20 et la rejoindre un peu plus loin. Suivre cette route vers le Sud et, en vue de l'écomusée, s'engager à droite dans un petit sentier qui arrive au village.

5 km • 1 h 45 • Le Pont-de-Montvert • 875 m

Au pied du Goulet

Au pied du Goulet, le village des Alpiers compte quelques maisons de schiste dont plusieurs n'ouvrent plus leurs volets qu'une partie de l'année. Des frênes têtards agrémentent les quelques prés et terrains de culture que n'ont pas encore conquis les résineux. Autrefois lieux d'es-

Le Bleymard au pied du mont Lozère.

tive pour les troupeaux transhumants, les terres hautes ont été vendues dans les années 1960 et boisées, interdisant l'activité traditionnelle et confinant ce qui reste d'agriculture dans les espaces les plus proches du village. La disparition progressive du bétail se traduit par un embroussaillement dont il est difficile de venir à bout. Conscients de la nécessité d'entretenir le paysage, la collectivité et les organismes professionnels ont mis en place en 1994 un projet novateur visant à installer un jeune agriculteur sur ces terres.

Les schistes anciens rejoignent bientôt les calcaires, dépôts successifs du secondaire, témoins du séjour de la mer sur le site. Ce fond de vallée où se blottit le bourg du Bleymard présente une plus grande richesse due au substrat d'origine sédimentaire, notamment propice à la culture du blé.

Un sol riche en minerais

Dans la montée au-dessus du Bleymard, R.L. Stevenson a-t-il pu imaginer que ces pans de montagne qu'il franchissait cachaient «un aven aussi grand qu'il aurait pu contenir la cathédrale de Mende» et tout un réseau de galeries où il valait mieux ne pas s'aventurer seul !

En effet, les premières couches du sol recelaient des richesses minières en plomb argentifère et en zinc connues dès l'époque romaine et très partiellement exploitées par le feu, suivant un système de trous étroits permettant l'extraction du minerai seul, sans la gangue. C'est

Le berger et son troupeau sur le mont Lozère.

seulement à la fin du siècle dernier que la Société de la Vieille Montagne s'est intéressée à cette richesse inexploitée et a effectué une prospection restée infructueuse. A partir de 1898, la Société des Mines du Bleymard entreprend des recherches et obtient la concession.

L'exploitation démarre avec quelque 300 ouvriers, ouvrant de multiples galeries nouvelles et conduisant à la construction des bâtiments du Mazel du Bleymard tout proche de là, dans lesquels est installée une laverie de minerais à partir de 1908.

Une nuit sous les pins

Quand je parvins environ au milieu des bois qui ne s'élèvent pas bien haut sur cette crête froide, je bifurquai vers la gauche par un sentier sous les pins et je gagnai alors un petit vallon de gazon vert où les petites cascades d'un ruisselet sur les pierres me pourvoieraient en eau (...)

Les arbres n'étaient pas vieux, mais ils poussaient serrés autour de la clairière ; il n'y avait pas d'horizon sauf vers le nord-est, sur les sommets lointains des collines, et le campement offrirait la sécurité et l'intimité d'une chambre. (...)

La nuit sous un toit est un temps mort et monotone, mais, à ciel ouvert, elle passe légère, avec ses étoiles, sa rosée et ses effluves de parfum, et les heures sont marquées par des changements sur le visage de la Nature. Ce qui paraît être une sorte de mort temporelle à ceux qui étouffent entre des murs et des rideaux n'est qu'un sommeil léger et animé pour qui dort à la belle étoile. Il peut toute la nuit entendre la Nature respirer librement et profondément. (*Journal de route en Cévennes*)

◄ **En remerciement à la nature, Stevenson dépose dans l'herbe quelques pièces de monnaie pour «payer» sa nuit sous les pins.**

Pour les petits agriculteurs locaux, cette mine est une aubaine assurant à la fois un revenu secondaire intéressant et une occupation en hiver. Même les femmes sont embauchées au tri avant le départ du minerai vers la gare de Bagnols-les-Bains, d'où il est expédié pour être traité en Loire-Inférieure – aujourd'hui Loire-Atlantique. Puis l'exploitation ne fonctionne plus que par intermittence. A partir de 1943, les installations sont améliorées et une laverie moderne est installée. Après avoir fourni 45 000 tonnes de zinc et 20 000 de plomb, toute activité cesse en 1953, au grand dam des habitants du canton.

Des structures d'accueil

La pineraie naturelle, aujourd'hui bien installée sur ces pentes, ressemble sans doute à celle si chère à R.L. Stevenson pour son accueil et son charme nocturne. Et c'est après ce raidillon où l'on retrouve le schiste que se décide le cheminement des eaux, les unes vers le Lot et l'Atlantique, les autres vers l'Altier et la Méditerranée.

Le paysage s'ouvre au pied du mont Lozère sur un plateau où sont regroupées plusieurs constructions. Dès 1935, l'Association départementale de Plein Air s'intéresse à ce site, mais il faudra attendre 20 ans pour voir apparaître les premiers aménagements liés à la neige. Le développement de la petite station de ski se fait lentement, d'abord sous l'impulsion des responsables cantonaux, puis, à partir de 1970, avec le concours des organismes départementaux. A cette même époque, une succession d'hivers neigeux incite quelques jeunes du versant sud à proposer des séjours de découverte hivernale. Les bases du tourisme rural étaient jetées. Par la suite, l'aménagement de gîtes et la création de structures d'accueil conséquentes ont permis l'allongement de la période d'utilisation et la diversification des activités proposées.

Une autre construction, de forme triangulaire, arrête le regard : la chapelle du Mont-Lozère, créée en 1967 par les scouts. Elle accueille de nombreux randonneurs, mais c'est surtout un symbole d'œcuménisme dans une région où la religion a longtemps été cause de division.

Des croupes dénudées

Leurs formes tranquilles appellent le randonneur vers le sommet. Mais si, par malchance, le temps est au brouillard, il est bon de prendre quelques précautions. Les Anciens, maintes fois surpris par les caprices du climat, avaient pris soin de baliser les itinéraires les plus fréquentés. Ils avaient ainsi planté dans le sol de grandes pierres taillées, les montjoies, placées en alignement vers le sommet. Celles-ci servaient de jalons à qui devait retrouver sa route ou regagner son village.

Dénudée, la montagne l'a-t-elle toujours été ? Rares sont les textes anciens qui décrivent précisément l'aspect physique des milieux. La nature possède elle aussi ses archives, que l'homme arrive parfois à décrypter. Le mont Lozère est ponctué de zones humides localement appelées

«nasses» ou «sagnes». Elles ont conservé la mémoire du paysage au cours des millénaires. Après la fin de la dernière glaciation, ces tourbières se sont lentement formées par dépôts successifs de matière organique emprisonnant les grains de pollen des espèces présentes dans le voisinage. On retrouve aujourd'hui ces éléments inactifs, parfaitement identifiables, témoins de la présence de telle ou telle espèce. 12 000 ans nous séparent de la dernière glaciation, à laquelle a fait suite un réchauffement favorisant l'installation progressive d'une végétation forestière composée de bouleaux, pins sylvestres, saules, noisetiers, ormes et tilleuls. Le hêtre s'est implanté il y a environ 5 000 ans de façon régulière, excepté sur les crêtes du massif. Quand l'homme s'installa, une vague de défrichement eut lieu ; la forêt se résuma peu à peu à quelques bois de fayards dans le fond des ravins, libérant de grands espaces de culture et surtout de pâture pour les troupeaux ovins transhumants. La régression de l'agriculture, amorcée dès le début du XXe siècle, conduisit à un retour progressif de la forêt naturelle : pins sylvestres, pins à crochets, sapins. Les espaces nus forment la pelouse, constituée essentielle-

Sur les croupes dénudées du mont Lozère, les montjoies jalonnent le chemin.

ment de nard raide, plante peu appétente pour les animaux mais très résistante aux rigueurs du climat. Cette petite graminée rêche est facilement reconnaissable à ses épillets tous placés du même côté de la hampe florale.

Ces espaces couverts par la pelouse sont le domaine des transhumants. De longue date, chaque fin de printemps, les troupeaux s'égrènent le long des drailles. En 1900, environ 100 000 moutons faisaient le grand voyage vers le mont Lozère, venant de l'Hérault, du Gard et de Camargue. Aujourd'hui, seules 6 000 à 8 000 bêtes font le déplacement, certaines en camion...

Les drailles

Ce furent vraisemblablement les premières voies de communication à travers les Cévennes. Empruntées d'abord par les animaux sauvages, puis par les troupeaux domestiques, elles présentent un tracé généralement rectiligne, le long des crêtes, visant les points de passage les plus aisés au niveau des cols. Trois grands tracés relient le bas pays au causse ou à l'Aubrac, à la Margeride et au mont Lozère

ou au Goulet. La draille dite du Gévaudan, ou Grande Draille, mène par le col de la Croix de Berthel au col de Finiels et se poursuit en direction du Bleymard. Juste au-dessus du chalet du mont Lozère, elle est rejointe par une draille secondaire venant du Bougès par Le Pont-de-Montvert et gagnant directement le sommet de Finiels. Ces voies de moins en moins utilisées et guère entretenues disparaissent peu à peu, envahies qu'elles sont par les genêts et autres végétaux ou annexées à des terrains fréquentés par les bovins.

«Un chaos de collines bleues»

Après d'ultimes efforts pour atteindre le sommet, R.L. Stevenson se trouva «face à face avec un autre pays formé d'un chaos de collines bleues, çà et là hérissées de forêts, ailleurs dénudées sur le ciel», laissant derrière lui «le plateau (...) sans bois, sans grandeur dans la forme des collines et connu dans le passé surtout par ses loups». Ce bruit «sourd et puissant» qu'il évoque, semblable au «sifflement d'une gigantesque théière», ne surprend qu'à

Sur le chemin de Stevenson aux abords de Finiels. Au premier plan, isolée, une tombe protestante.

demi les familiers de ces lieux que le vent rend parfois invivables.

Mais par temps clair, de ces crêtes, point culminant du département, c'est un merveilleux spectacle qui s'offre à la vue. Vers le nord, les monts d'Aubrac limitent l'horizon, puis vient la Margeride, précédée d'un sommet fiché aujourd'hui d'une antenne : le Truc de Fortunio. En direction du nord-est, le mont Gerbier-de-Jonc. Plus à l'est, le département de l'Ardèche est dominé par la Tanargue, qui forme la bordure est du Massif central, surplombant la vallée du Rhône. Seulement quelques fois dans l'année, il est permis de distinguer le mont Blanc au sein de cette chaîne des Alpes que l'on devine les sommets les plus élevés au Vercors. Plein est, le regard butte sur les croupes du mont Lozère et le pic Cassini dominant les sources du Tarn et masquant le mont Ventoux. Tandis que, vers le sud, le Bougès forme une barre parallèle au mont Lozère allant du Ventalon au sommet d'Altefage, point culminant du

massif. A l'arrière et partant vers l'ouest se dessinent le Liron, puis l'Aigoual, qui s'adoucit vers le col de Perjuret, où il rejoint le causse Méjean, lui-même contourné par le Tarn venant du mont Lozère.

Un esprit d'entraide

Le mont Lozère est ainsi fait que les croupes succèdent aux replats et forment des vallons où sont nichés les villages. Les hommes ne se sont assurément pas trompés en s'installant en bordure des zones où la terre s'est accumulée par l'érosion d'éléments fins sur les pentes. Ces replats dessinent de larges auréoles vertes, fertiles, autour des habitations, tandis que les pâturages situés en amont restent seulement accessibles aux troupeaux.

Dans ces villages d'altitude, les constructions semblent s'imbriquer les unes dans les autres, tant elles sont resserrées. La présence de nombreux lieux communs, tels le four, le moulin, l'aire à battre ou le travail à ferrer les bœufs, témoigne de l'esprit de partage et d'entraide des Anciens, qui parvenaient ainsi à répondre aux besoins de l'ensemble de la communauté et à vivre nombreux sur des espaces aux potentialités limitées.

Finiels, tout comme les autres villages du mont Lozère, a vu dès la fin du siècle dernier beaucoup de gens partir, exode qui s'est aggravé dans les dernières décennies, la terre ne pouvant, dans le contexte économique d'alors, faire vivre qu'un nombre réduit de familles. Mais les constructions demeurent, formant un bel ensemble architectural dans lequel, à tout seigneur tout honneur, le granite est roi. Il faut laisser son regard errer dans les rues et admirer les pierres d'angle bien ajustées, les jambages et les linteaux des portes et fenêtres, les arcs aux courbes parfaites, les façades harmonieuses. Très attachés à leur village d'origine, de nombreux Finielois installés à Nîmes, Montpellier, Paris ou ailleurs reviennent passer leurs vacances dans la maison familiale ou construisent ici leur résidence secondaire.

A peine avais-je commencé ma marche, j'avais eu les oreilles remplies d'un bruit sourd et puissant, comme d'une houle lointaine ; je fus à certains moments tenté de croire au voisinage d'une cascade et à d'autres, je l'attribuai à l'effet tout subjectif du silence absolu de la colline. Mais à mesure que j'avançais, le bruit augmenta (...) et, au même moment, des bouffées d'air frais commencèrent à me parvenir depuis le sommet. Je finis par comprendre ; cela soufflait très fort du sud sur l'autre versant du mont Lozère et, à chaque pas, je me rapprochais du vent.

(Journal de route en Cévennes)

A Finiels, **Almir Pantel**
est un artisan du bois renommé.
Il fabrique des sabots et des étuis
pour des pierres à aiguiser les faux,
les «coudios», comme on les appelle ici.

La fête de la Myrtille

Il y a 25 ans, le petit groupe de jeunes gens que comptait Finiels, étudiants pour la plupart, cherchant activité et argent de poche, se mit à parcourir la montagne en quête de myrtilles. Ils rêvaient d'organiser une fête qui sortirait du cadre traditionnel, proposant des activités artistiques : musicales, théâtrales, pyrotechniques...

C'est ainsi que vit le jour la fête de la Myrtille à la fin de la première semaine du mois d'août, époque de récolte du fruit. Si cette fête, qui malheureusement n'existe plus aujourd'hui, fut d'abord un rendez-vous d'initiés, d'amateurs de théâtre de rue et de curieux, elle acquit rapidement une grande notoriété. Les places publiques faisant défaut à Finiels, il fallut s'installer le long des rues, puis dans les cours de ferme et dans les prés avoisinants...

D'année en année, le nombre de spectacles et leur qualité n'ont cessé de croître dans cet «esprit festival», cette ambiance Woodstock, comme l'ont écrit certains journalistes. Bernard Pantel, instituteur et président de la manifestation, souligne que «beaucoup de vocations sont nées à Finiels, les artistes et les troupes aujourd'hui consacrés y ont présenté leurs premières créations».

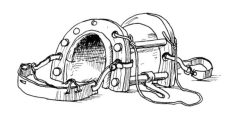

L'ordre des Hospitaliers

Telles des sentinelles, une série de pierres plantées jalonnent la crête du mont Lozère, marquées par l'usure du temps. Certaines portent un signe gravé, une croix à huit pointes inscrite dans un carré. L'histoire de ces croix commence le 15 août 1166, jour où le seigneur du Tournel remet tout ce qu'il possède sur les versants nord et sud du mont Lozère à l'ordre des Hospitaliers de Saint-Jean-de-Jérusalem. De nouvelles terres viennent s'ajouter un peu plus tard, situées en étoile autour du mont Lozère vers Mende, La Canourgue, Saint-Michel-de-Dèze...

L'administration de cet ensemble de biens est réalisée depuis Gap-Francès, village situé plus à l'est sur le massif, qui devient alors L'Hôpital en raison de la présence des Hospitaliers. Là réside un commandeur qui gère lui-même une partie des terres, la «réserve seigneuriale», et confie par bail transmissible d'héritier en héritier le reste des biens aux habitants de la région. Ces bornes à croix de Malte permettent d'authentifier les biens propres de la commanderie. L'arpentage et le bornage des terres sont vérifiés selon un même rituel tous les 29 ans, et ceci jusqu'en 1772. Les croix de Malte sont gravées sur des rochers en place ou sur des colonnes de granite plantées ensuite dans le sol.

Mais qui sont ces grands propriétaires fonciers dont l'influence et la domination

se font sentir sur le mont Lozère du XIIe siècle à la Révolution française ? Pour le savoir, il faut se reporter en 1090 à Saint-Jean-de-Jérusalem,  où le frère Gérard de Martigues fonde un hôpital destiné aux personnes à la recherche de soins et de protection, en particulier les croisés. L'institution se transforme rapidement en ordre hospitalier mettant en avant la charité et l'amour du prochain, vertus défendues par le christianisme. Bien vite, pour protéger l'hôpital, la logique guerrière s'impose. Cet ordre religieux et militaire est ensuite chassé de Jérusalem par les Turcs ; il s'installe à Tyr, puis à Chypre, Rhodes et enfin sur l'île de Malte, concédée par Charles Quint en 1518. A compter de ce moment, les hospitaliers de Saint-Jean-de-Jérusalem deviennent les chevaliers de Malte.

Le rôle hospitalier, conduit avec beaucoup de rigueur, de méthode et de dévouement, fait apprécier l'ordre et assure très vite sa richesse. En fait, il reçoit de multiples dons de grands monarques et hérite des biens de ceux qui le rejoignent. L'étendue du réseau des possessions explique la nécessité de structurer l'ordre ; ainsi, la commanderie

Randonnée équestre sur le mont Lozère.

Des animaux et des plantes sur le mont Lozère

Le circaète Jean le Blanc *(Circaetus gallicus)*. Ce grand rapace, communément nommé aigle aux serpents ou Jean le Blanc, a une envergure de 1,60 m environ. Mâle et femelle ont un plumage semblable et sont sensiblement de même taille. Les reptiles (couleuvres, vipères et lézards) constituent l'essentiel de la nourriture du circaète Jean le Blanc, complétée par quelques petits mammifères et insectes. Son régime alimentaire l'oblige à vivre dans des contrées relativement chaudes ; aussi migre-t-il et n'est-il visible dans la région que de la mi-mars à la fin septembre. Il s'immobilise dans les airs comme suspendu à un fil invisible, les pattes pendantes et la tête pointée vers le sol, fondant à la verticale sur la proie repérée. Le reptile tué à coup de bec est en général avalé tout entier, même s'il mesure plus d'un mètre de long.

Le pied-de-chat *(Antennaria dioïca)*. Cette petite plante est commune sur la pelouse d'altitude. Ses feuilles blanchâtres sont regroupées en rosettes basales, et sa tige de 10 à 25 cm de haut porte des fleurs serrées entre elles, semblables aux coussinets de la patte d'un chat, d'où le nom de pied-de-chat. Les fleurs mâles sont blanches, tandis que les femelles sont roses. Elles sont récoltées à l'aide d'un peigne spécial, sorte de râteau de bois. Séchées, elles constituent en infusion un bon remède contre la toux. Elles entrent également dans la composition de pommades contre la bronchite.

L'arnica *(Arnica montana L.)*. C'est une plante aux feuilles basales raides, disposées en rosettes, d'où monte une tige ramifiée ou non, jusqu'à 50 cm de haut, portant de grandes fleurs terminales jaunes, épanouies de juin à septembre. Ses fleurs sont utilisées à des fins médicinales sous la forme d'huile d'arnica, aux propriétés cicatrisantes et antiseptiques. On peut aussi les faire macérer dans de l'alcool ; l'extrait obtenu est un bon remède contre les contusions.

La gentiane jaune

situées à L'Hôpital, comme une vingtaine d'autres, dépend du grand prieuré de Saint-Gilles, lui-même directement lié au prieuré de Toulouse à la langue de Provence. L'ordre représente une grande puissance occidentale, les langues étant réparties sur plusieurs pays.

En France, la Révolution bouleverse les choses, et les biens des chevaliers de Malte, considérés comme biens d'église, sont vendus à cette époque. Les bourgeois, puis les agriculteurs du mont Lozère peuvent alors devenir propriétaires privés ou en indivision de ces terres qui portent encore aujourd'hui l'empreinte de l'histoire au travers de ces croix.

L'Écomusée du mont Lozère

La volonté de bien recevoir les hôtes de passage a conduit les habitants de la montagne à réaliser des structures d'accueil et de découverte. Le Pont-de-Montvert abrite, dans la Maison du Mont-Lozère, l'élément principal de l'Écomusée du Mont-Lozère. A l'intérieur de ce musée, une exposition permanente présente la formation du massif, sa lente évolution à l'échelle des temps géologiques et la création des tourbières, réserves hydriques et milieux intéressants tant pour l'agriculteur que pour le scientifique. Les activités agricoles et artisanales et la vie quotidienne au cours des siècles y sont évoquées à travers photos, documents écrits, maquettes et objets usuels divers.

Après cette première approche, le visiteur est invité à aller à la rencontre de cette montagne et de ses habitants, sur des lieux aménagés tels que la ferme de Troubat, ou sur les sentiers de découverte du Mas Camargues ou du Mas de la Barque, ou encore sur les nombreux sites naturels et les hameaux pittoresques.

Odile RIVAL

LE PAYS CAMISARD

LE PONT-DE-MONTVERT / ALÈS

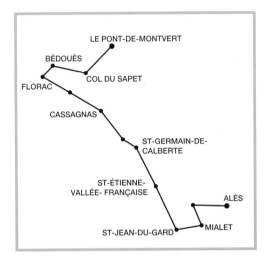

LE PONT-DE-MONTVERT
BÉDOUÈS
COL DU SAPET
FLORAC
CASSAGNAS
ST-GERMAIN-DE-CALBERTE
ST-ÉTIENNE-VALLÉE- FRANÇAISE
ALÈS
ST-JEAN-DU-GARD
MIALET

*Depuis Le Pont-de-Montvert, village symbolique
de l'histoire des Camisards – puisque c'est là que
la guerre a éclaté –, Stevenson marche dans les pas
de Napoléon Peyrat, l'auteur de son livre de chevet :*
Les Pasteurs du Désert. *Il raconte la foi enthousiaste
des protestants, les prophètes, les assemblées du Désert,
l'héroïsme des chefs huguenots et de tous les rebelles
de la foi face aux persécutions ; il fait halte à Florac,
l'une des capitales du pays camisard avec Alès, longe
la Mimente encaissée entre «des montagnes rouges»
pour gagner Cassagnas, «le cœur du pays»,
où les rebelles avaient leurs arsenaux.
Jusqu'au terme de son voyage, la châtaigneraie
l'entoure de ses arbres vénérables étagés sur
des terrasses «pas plus larges qu'un lit», qui s'effacent
aujourd'hui, faute d'entretien.
Mais les Cévennes, ce sont aussi la vigne et les mûriers,
les gardons qui dévalent vers le Midi, les beaux hameaux
de schiste, tout un pays de serres (crêtes) et de valats
(vallées), refuge des persécutés de l'histoire ancienne et
contemporaine.*

Regard sur les Cévennes.

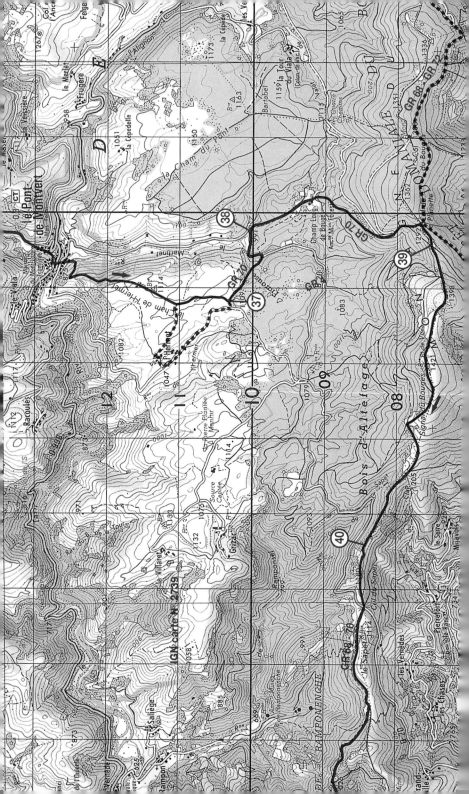

Au Pont-de-Montvert, passer le pont sur le Tarn et tourner à gauche. Après la boulangerie, s'engager entre les deux maisons, dans la traverse à droite *(ancien chemin du Pont-de-Montvert à Grizac)*. Le sentier s'élève au-dessus du village. Franchir plusieurs clôtures. Atteindre le plateau de la Cham de l'Hermet *(on peut voir à droite une bergerie de type caussenard, voûtée à l'intérieur)* et le traverser. Plus loin, le chemin vire sur la gauche et atteint une route.

(37) Tourner à gauche pour prendre le sentier entre une clôture et la lisière du bois, traverser le parc à bestiaux sur la gauche et descendre dans la vallée de la Fiarouze pour atteindre la D 20. Franchir le pont puis descendre jusqu'à l'intersection suivante.

(38) Emprunter la route forestière qui rejoint Champlong-de-Bougès. Poursuivre vers le sud jusqu'au col de la Planette.

▶ **Jonction avec le GR 72 et avec le GR 68,** dont la description figure dans le topoguide «Tour du mont Lozère et du causse Méjean».

(Ici, une stèle fut élevée en 1991 à la mémoire de Raymond Senn, qui réalisa le GR 68 et entretint les GR pendant plus de 20 ans.)

Emprunter le chemin qui se dirige, à l'ouest, vers le col des Trois Fayards.

(39) Suivre le sentier qui monte entre les sapins.

Par mauvais temps, possibilité, depuis le col des Trois Fayards, de contourner par le nord le Signal du Bougès en empruntant une piste équestre, balisée en orange.

Suivre la ligne de crête, passer au Signal du Bougès (1 421 m), puis redescendre vers un petit replat. Poursuivre droit devant, passer près d'un refuge en bois *(baraque à Bonnal, abri pour les bergers et les randonneurs)*. Continuer en crête pour passer versant nord dans un bois de hêtres.

(40) Le sentier passe versant sud pour rejoindre le col du Sapet.

12 km • 3 h 45 • col du Sapet • 1 080 m

Le village aux trois ponts

La commune du Pont-de-Montvert s'étend sur une grande partie du versant sud du mont Lozère et regroupe une quinzaine de hameaux. Le bourg, entouré de pentes verdoyantes, est niché à la confluence des vallées du Tarn, du Rieumalet et du Martinet. Comme enserré dans un écrin trop étroit, il s'étire de toutes parts vers la périphérie, où se construisent de nouveaux quartiers.

«Avec ses maisons, ses ruelles, son lit de rivière étincelant, (Le Pont-de-Montvert) avait un air méridional indescriptible», déclarait R.L. Stevenson. Ceux qui y vivent peuvent confirmer, en tout cas, l'influence méditerranéenne sur le climat et les pluies diluviennes de l'automne, responsables de crues parfois spectaculaires. Les écrits et la mémoire orale évoquent des habitations, des ponts, des portions de quai détruits... en 1697, 1827, 1900. Ainsi le Tarn, au régime capricieux, est le véritable maître des lieux.

Le village aux trois ponts, comme l'a dénommé l'écrivain Robert Laffue, est né à la fin de l'Ancien Régime de la fusion des deux paroisses de Frutgères et Grisac, aujourd'hui petits hameaux du Pont-de-Montvert, victimes d'une grande dépopulation. Ce phénomène a d'ailleurs touché l'ensemble de la commune, qui est passée de 1 500 habitants en 1860 à un millier quarante ans plus tard. Au grand désespoir de tous, en 1950, il n'en restait plus que la moitié. Mais comment faire face à cette situation ? Le pays allait-il se vider complètement ? A partir des années 70, les choses se sont à peu près stabilisées, et de nos jours moins de 300 personnes sont recensées. Pourtant, le touriste pourrait être surpris par de tels chiffres tellement les rues sont noires de monde en été.

Le début de la guerre des Camisards

C'est autour du grand pont que se sont déroulés des faits historiques majeurs, notamment au début du XVIIIe siècle. R.L. Stevenson nous le rappelle : «Le Pont-de-Montvert est un lieu mémorable dans l'histoire des Camisards. C'est ici que la guerre éclata, c'est ici que les Covenanters du Midi assassinèrent l'archevêque Sharpe» ; comprenez : c'est ici que les protestants tuèrent l'abbé du Chayla, à un moment où la révolte cévenole prenait un caractère original lié au prophétisme.

Voici le récit de ces événements d'après les mémoires d'Abraham Mazel, Camisard ayant pris part aux faits. L'expédition, comprenant notamment Salomon Couderc, Pierre Séguier, dit Esprit Séguier,

Le Pont-de-Montvert : le pont sur le Tarn.

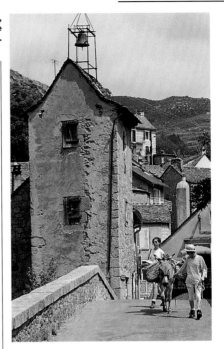

Jean Rampon et Abraham Mazel, s'organise à la foire de Barre-des-Cévennes le 22 juillet 1702. Le 24 au soir, la troupe rassemble une soixantaine de personnes qui, du sommet d'Altefage, descendent vers Le Pont-de-Montvert, guidées par le message de l'Esprit leur demandant de délivrer leurs frères retenus prisonniers par l'abbé du Chayla dans ce bourg. Les hommes se rendent à proximité de la maison servant de geôle et se placent en sentinelles, tandis qu'Abraham Mazel réclame «les prisonniers de la part de Dieu». L'abbé semble vouloir exécuter l'ordre ; cependant, les choses tardant, les Camisards défoncent la porte et quelques prisonniers s'échappent. Puis, suivant toujours l'ordre de l'Esprit, la maison est mise à feu et brûle telle une torche, sans causer, toutefois, le moindre dégât aux constructions voisines.

Soupçonnant les occupants de la bâtisse de vouloir quitter cet enfer par tous les moyens, Abraham Mazel se poste sur le pont de pierre, d'où il voit des hommes descendre par les fenêtres et, il en remarque un, en chemise, qui tente de gagner la haie voisine dans le jardin. Cet homme n'est autre que l'abbé du Chayla. Il est amené sur le pont. Il dit alors : «Vous savez, messieurs, que Dieu défend le meurtre.» Mais les Camisards ne sont point sensibles à l'argument de l'abbé, qui «crie toujours pour la vie», refusant comme cela lui est conseillé d'employer le peu de temps qu'il lui reste à prier Dieu pour obtenir pardon de ses péchés et des cruautés commises et miséricorde pour son âme... Esprit Séguier le frappe alors à la tête avec son sabre, Nicolas Jouany en fait de même. Plusieurs autres coups lui sont administrés. C'est ainsi que meurt cet homme persécuteur. Les jours suivants, les Camisards, toujours guidés par l'Esprit, rejoignent Frutgères, où ils tuent le curé, incendient sa maison et pillent l'église... Puis ils vont à Saint-André-de-Lancize avec les mêmes intentions. Paniqué par les grandes flammes dévorant l'église, le curé se jette du haut du clocher où il s'est réfugié. Ils se rendent ensuite au château de la Devèze, où ils commettent un véritable massacre.

Mais les troupes du capitaine Poul stationnées à Barre-des-Cévennes poursuivent les Camisards et capturent Esprit Séguier. Il est très rapidement jugé à Florac et exécuté au Pont-de-Montvert, devant la Tour de l'Horloge, à l'endroit même où l'abbé du Chayla et Françoise Brès avaient peu de temps auparavant été exécutés. Le poing sectionné et brûlé vif, il montre jusqu'au bout un courage exemplaire. C'est ainsi que commence la guerre des Camisards, laquelle durera deux ans.

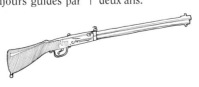

Après son séjour au Pont-de-Montvert, pour rejoindre Florac, Stevenson a suivi la vallée du Tarn, dominant la rivière et traversant la chênaie, puis la châtaigneraie. Cet itinéraire ne convient guère aujourd'hui aux randonneurs, peu attirés par le goudron. En traversant la Cham de l'Hermet, plateau granitique dominant le bourg du Pont-de-Montvert, on découvre les vallées du Tarn et du Martinet et le mont Lozère. Pâturages à bovins et landes se succèdent, terres de prédilection des sangliers, des cerfs, des lièvres et des perdreaux.

**Une nuit sans sommeil
dans la châtaigneraie animée de «bruissements mystérieux»**

Les châtaigniers de la vallée du Tarn

Toutes les pentes, plus bas et bien loin dans le vallon, étaient chargées d'un amoncellement de feuilles semblables à des tentes qu'un vieux châtaignier porte sur ses rameaux tordus. Ils étaient par endroits plantés sur des terrasses qui n'étaient guère plus larges qu'un lit ; parfois, faisant confiance à leurs racines, ils s'étaient hardiment plantés sur la pente abrupte. L'automne avait jeté des teintes d'or et de roux sur la verdure, le soleil brillait à travers les grandes feuilles, de sorte qu'un arbre se détachait de l'autre, ou de la colline plus éloignée, non pas dans l'ombre mais dans la lumière. (...)
La vallée embaumait des effluves discrètes, douces et nonchalantes des châtaigniers, comme elle retentissait de la caverneuse clameur du Tarn. Je voudrais comprendre comment grandissaient ces nobles arbres. Ils ressemblaient à l'olivier, en ce que du tronc le plus vieux et le plus fendu, ils pouvaient projeter des pousses droites, lisses et vigoureuses et susciter un arbre nouveau, comme sur les ruines de l'ancien. Parfois, aussi, ils poussaient comme des chênes, en fûts magnifiques et droits, aux cannelures profondes : parfois à la verticale, parfois en spirale, parfois de l'une à l'autre. Mais les touffes de grandes feuilles, leur faîte comme celui des palmiers, les bogues piquantes se détachant contre le ciel, c'est ce qui leur était particulier.
(Journal de route en Cévennes)

Le massif du Bougès

Parallèle au mont Lozère, le Bougès culmine à 1 421 m d'altitude. L'exploitation intensive, notamment au siècle dernier, des ressources agricoles par les nombreuses familles présentes dans les villages a conduit à une déforestation et à un appauvrissement de la faune sauvage. L'exode rural a inversé la situation et permis, à la fin du XIXe siècle, un reboisement naturel ou artificiel. Ainsi, le versant nord du Bougès, soit plus de 3 000 hectares, est aujourd'hui boisé en presque totalité, une forêt constituée aux deux tiers de résineux variés.

Les milieux sont ainsi redevenus favorables à l'installation d'espèces comme le cerf et le chevreuil. Des opérations de réintroduction d'espèces ont été menées, notamment par le Parc National des Cévennes, espèces autrefois présentes et susceptibles de retrouver aujourd'hui les conditions nécessaires à leur épanouissement. Parmi celles-ci, citons le grand tétras, encore appelé coq de bruyère, qui affectionne les forêts situées entre 600 et 2 000 m d'altitude ; sa présence en un lieu confirme la grande richesse biologique du site. Disparu au XVIIe siècle, il fait l'objet depuis 15 ans d'élevages et de lâchers en forêt. L'Office National des Forêts s'est associé à cette opération en créant une réserve biologique domaniale.

Raymond Senn, ancien président du Comité Départemental de Randonnée Pédestre, était assurément un fidèle de

Dans la forêt entre Champlong-de-Bougès et le col de la Planette.

ces lieux, sensible à leur beauté naturelle, et un hommage lui est rendu au col de la Planette : «Désormais, le silence t'appartient, sur ces drailles que tu aimes, à la croisée des chemins que tu as balisés...»

Sur ces crêtes, pins à crochets et épicéas bordent le sentier qui, tout à coup, s'ouvre sur une lande à callune au relief ondulé et sur un paysage grandiose. Altefage est le point culminant du massif du Bougès. Vers le nord, la chaîne du Lozère étire ses 35 km du col de Montmirat au Rocher de Trenze, dominant Vialas et Génolhac. Dans la zone la plus occidentale, d'origine sédimentaire, les puechs des Bondons et l'Eschino d'Ase détachent dans le ciel la forme arrondie caractéristique de ces buttes témoins. A l'arrière se dessinent les monts de l'Aubrac et, par temps clair, notamment en hiver, il est possible d'apercevoir le Plomb du Cantal. Encore en direction du nord, mais au premier plan, s'étend le village de Grizac, surplombant la vallée de Ramponcel, qui a vu naître au XIVe siècle Guillaume de Grimoard, devenu ensuite le pape Urbain V. Plus à l'est, la Cham du Pont-de-Montvert est un plateau élevé, actuellement couvert de résineux. Le Ventalon, sommet triangulaire, domine l'extrémité Est du massif du Bougès.

Vers le sud se succèdent serres et valats caractéristiques des Cévennes, crêtes et vallées parallèles entre elles que les jeux

Le menhir du col du Sapet.

d'ombre ou les couleurs d'automne rendent encore plus pittoresques et chatoyantes. La première crête domine le village de Cassagnas ; la chaîne du Pendedis fait suite, prolongée par le mont Mars. Au troisième plan, le massif de la Vieille-Morte s'adoucit en direction de Saint-Jean-du-Gard, puis apparaissent la montagne de Lasalle, à l'arrière-plan le Liron et au loin la chaîne de la Seranne. Un peu plus à l'ouest, deux sommets sont aisément repérables : le Lingas, par sa forme tabulaire, et l'Aigoual, par les antennes du radio-téléphone. Plein ouest, les falaises du causse Méjean arrêtent le regard et, plus près de nous, le village de La Grand-Ville est dominé par son fromental calcaire, dont la nature du sol permet la culture du blé.

La montagne d'Altefage, couverte sur son versant sud par la lande à callune, est pâturée par des troupeaux ovins locaux, tandis que le versant opposé, largement boisé, laisse deviner les rigueurs hivernales avec ses arbres aux formes tordues et rabougries.

Le château de Miral dans la haute vallée du Tarn... où deux jeunes gens s'adonnent à leur sport favori.

La crête qui s'étire vers le soleil couchant conduit à Florac en passant par le col du Sapet. Les châtaigniers apparaissent dès qu'affleurent à nouveau les schistes à une altitude leur convenant davantage. Favorisés par l'homme, ces arbres aux belles feuilles étalées, dont Modestine se montrait friande, étaient essentiels au siècle dernier dans l'économie locale. Généralement, on ne leur réservait pas les surfaces planes propices aux cultures, mais plutôt les pentes aménagées à grand-peine en replats ou

Installé sur un éperon rocheux, le château de Miral a été édifié pour assurer la défense de la haute vallée du Tarn. Le donjon date des XIIIe et XIVe siècles, le reste de l'édifice des XVe et XVIe siècles. On remarquera notamment une tour ronde et de belles fenêtres à meneaux. C'est actuellement une résidence secondaire.

terrasses qui, comme le souligne R.L. Stevenson, «n'étaient guère plus larges qu'un lit».

Feuilles et bogues de châtaigniers.

Bédouès

Le village possède deux édifices religieux remarquables. La collégiale de schiste brun domine la vallée. Elle fut fondée en 1363 par Urbain V, pape en Avignon, né à Grizac (à deux pas du trajet de Stevenson). Dévastée en 1581 par les troupes du capitaine Merle, elle fut reconstruite sur les anciennes fondations en forme de croix latine. Elle est précédée d'un clocher du XIXe siècle et abrite le tombeau des parents d'Urbain V dans la chapelle sud.

L'église Saint-Saturnin, de taille beaucoup plus modeste, est implantée au cœur du village. La tradition veut que le baptême d'Urbain V ait eu lieu dans cette ancienne église paroissiale. Édifiée au XIIe siècle, elle comporte une nef unique divisée en trois travées et une abside en hémicycle. Récemment, elle a fait l'objet de travaux de restauration qui ont permis de restituer aux peintures murales toute leur beauté. Un remarquable décor peint voué essentiellement à la célébration des morts et réalisé entre 1830 et 1853 couvre la totalité des murs et des voûtes. Un large médaillon porte les armoiries du pape Urbain V.

Odile RIVAL

La collégiale de Bédouès veille sur la vallée.

La porte des Cévennes

Pour le voyageur venant du nord, sur les traces de Stevenson, Florac est incontestablement, sinon la capitale, du moins la porte des Cévennes. La ville, bruissante et bondée en été, trop silencieuse le reste de l'année, comme tant d'autres, est l'une des plus petites sous-préfectures de France. Si elle a perdu son tribunal et sa gare, son château restauré a la chance d'abriter depuis 1970 le siège du Parc National des Cévennes, ce qui contribue à renforcer l'ancienne et solide réputation touristique de ce bourg de 2 000 âmes, arrosé par le Tarnon et la résurgence vauclusienne du Pêcher, idéalement situé à la jonction des trois régions naturelles que sont le mont Lozère, les Cévennes et les Grands Causses. C'est à Florac que le jeune pasteur Paul Arnal, passionné de spéléologie et désireux de contribuer par le tourisme au développement des Causses et des Cévennes, a créé en 1894 le Club Cévenol, doyenne bien vivante des associations de la région, à laquelle on doit entre autres la première édition en français (en fait, une traduction résumée) du *Voyage de Stevenson*, par le Cévenol Moulharac en 1901. Paul Arnal entendait aussi œuvrer à la réconciliation des deux religions, le catholicisme et le calvinisme, dont le dialogue douloureux, à plusieurs reprises tragique, a donné sa densité et sa gravité particulières à l'histoire du pays. Stevenson s'est montré très sensible aux divisions confessionnelles locales et aux convictions de ses interlocuteurs, puisées à même l'histoire et les Écritures.

La source du Pêcher à Florac, avec, en arrière-plan, dominant le bourg, le rocher de Rochefort.

Florac, au cœur des Cévennes.

Au sortir de Florac

Stevenson a négligé la route Saint-Laurent-de-Trèves, L'Hospitalet, Le Pompidou, Saint-Roman-de-Tousque, c'est-à-dire le tracé actuel de la Corniche des Cévennes, tout comme la draille partant en direction de Saint-Jean-du-Gard. Il choisit de suivre la vallée de la Mimente, aux aspects souvent sauvages : la RN 106, qui constitue aujourd'hui un axe vital entre la Lozère et le Gard par le col de Jalcreste, était alors inachevée (les tronçons partis de Florac et de Sainte-Cécile-d'Andorge ne se sont rejoints qu'en 1894 !).

Mais Stevenson entend découvrir un village de la vallée «déjà célèbre dans l'histoire de France», Cassagnas, qui aurait abrité l'un des arsenaux des Camisards. C'est que l'écrivain écossais suit ici, comme toujours depuis Le Pont-de-Montvert, l'un de ses livres de chevet dans sa traversée des Cévennes : *Les Pasteurs du Désert*, une «histoire» romantique des Camisards pleine de bruit et de fureur, publiée en 1842 par un admirateur de Michelet, le pasteur d'origine ariégeoise Napoléon Peyrat, qui devait par la suite se faire le vibrant historien des Cathares et de Montségur. Peyrat était venu à Florac en 1837 et avait remonté la Mimente et l'un de ses affluents jusqu'au sommet du Bougès.

Stevenson lui emboîta le pas, longeant cette rivière qui, les jours d'orage, «roule des eaux couleur de sang» (Peyrat) et reste l'une des plus attachantes de la région.

Florac même, entouré de collines, est l'une des plus jolies villes que l'on puisse voir, avec son vieux château, avec sa fontaine jaillissante au flanc de la montagne, son allée de platanes, ses rues curieuses et une profusion de ponts. En outre, il est renommé pour la beauté de ses femmes et comme l'une des capitales du pays camisard, Alais étant la seconde.
(Journal de route en Cévennes)

D'un roman l'autre

Saint-Julien-d'Arpaon occupe une place particulière dans l'histoire culturelle des Cévennes. La vallée du Sistre a abrité la poétesse Marthe Boissier, dont on peut admirer la maison ornée d'un médaillon aux Chazes, et Augustine Rouvière (La Grand-Ville), dont les souvenirs furent remarqués dans les années 1970, au temps du *Cheval d'orgueil (Augustine Rouvière, Cévenole,* 1977) : elle y disait les saisons et les jours de la Cévenne protestante au début du siècle. Max Olivier Lacamp situe aussi dans la vallée une partie de son roman camisard *Les Feux de la colère* (1969) ; la même année, le cinéaste marseillais René Allio vient tourner au hameau du Puechauzier, avec Rufus et les gens du pays, les principales scènes de son beau film *Les Camisards*.

Sur la rive gauche de la Mimente s'ouvre une vallée aujourd'hui quasiment abandonnée, le long du ruisseau du Briançon : c'est le vrai pays (avec la vraie galerie percée à la recherche de l'eau) de *L'Épervier de Maheux*, ce roman de Jean Carrière qui obtint le Prix Goncourt en 1972 et qui connut un immense succès. Son emblématique Mazel-de-Mort (dont le nom provient d'un Mas Aldemor du Moyen Âge, et non de quelque tragédie !)

est situé un peu plus loin, mais c'est ici qu'il faut lire des pages qui retrouvent dans leurs meilleurs moments la force un peu inquiétante du Giono des *Chroniques romanesques* : «Au-dessus du Mazel-de-Mort (...) commencent de hautes solitudes et brusquement tout change, les torrents disparaissent, les sources se raréfient, le schiste et le granite cèdent la place au calcaire marin, le sol s'éclaire et clapote comme une vieille toiture.» Les habitants ont vu dans la chute et la folie des Reilhan de Maheux, dont le dernier tente en vain de tuer l'épervier qui le guette (et qui continue à surveiller le pays !) avant de mourir dans l'explosion de sa galerie, une caricature de la Cévenne et de son protestantisme sévère : Carrière a en fait inventé un pays, comme Giono se targuait de l'avoir fait pour «sa» Provence, afin d'y développer une réflexion désenchantée sur le sens de la vie.

«L'aubergiste me conduisit, après le repas, à un café tout proche où ma personne, ou plutôt mon voyage alimenta la conversation de l'après-midi. Chacun avait ses idées pour me guider et la carte sous-préfectorale fut amenée de la sous-préfecture même et marquée de nombreuses empreintes de pouces, au milieu des tasses de café et des verres de liqueur.»
(Journal de route en Cévennes)

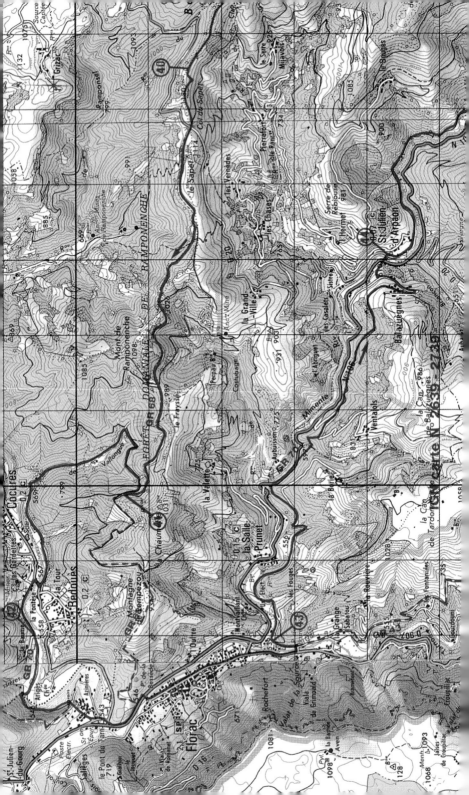

Traverser la D 20 puis emprunter la piste de la Chaumette. Franchir deux cols et contourner le versant nord de la montagne de la Chaumette (1 031 m), puis descendre en direction du nord pour atteindre une intersection.

(41) Emprunter à droite une large piste qui descend dans le ravin de Vallongue, traverser le Tarn au pont de la Pontèse, prendre à gauche la route qui longe le camping et le Tarn. Au pont, sur la gauche, se trouve le village de Bédouès.

11 km • 2 h 45 • Bédouès • 560 m

⚐ ✕ ☕, *hôtel à Cocurès, hors GR à 1 km*

(42) Emprunter le chemin qui longe le Tarn pour arriver à un village de vacances.

▶ **Jonction avec les GR 43 et 68 venant du mont Lozère :** franchir un pont sur le Tarn puis longer la route nationale jusqu'au pont suivant pour entrer dans Florac.

5 km • 1 h 30 • Florac • 546 m

🏠 🏛 ⚐ ⚐ ☕ ✕ ☕ 🚌 ℹ

Traverser la ville, puis prendre la route de Meyrueis (D 907), sur 600 m environ. Tourner à gauche au pont de Barre. Franchir le Tarnon et s'engager, à gauche, sur l'ancien chemin Florac-Alès, puis atteindre une route goudronnée.

(43) La suivre et, environ 400 m plus loin, laisser le chemin à droite pour continuer droit devant. Laisser la route qui franchit la Mimente et rester sur la rive gauche. Après deux virages, s'engager sur un chemin à gauche. Bifurquer par un chemin montant qui longe le ruisseau des Houles puis le traverse. Atteindre une route menant à Ventajols ; la descendre jusqu'à un virage. Emprunter le chemin qui surplombe la N 106 et rejoint Balazuègnes. Redescendre vers la Mimente ; la traverser pour se diriger vers Saint-Julien-d'Arpaon.

9 km • 2 h 15 • Saint-Julien-d'Arpaon • 610 m

🏠 ⚐ ⚐

(44) Tourner à droite et poursuivre sur l'ancienne voie de chemin de fer.

IGN carte N° 2739 - 2740

Celle-ci emprunte les gorges de la Mimente sur la rive droite, coupe la N 106 et passe sous le hameau des Croses-Bas pour arriver à l'ancienne gare de Cassagnas.

7 km • 1 h 45 • gare de Cassagnas • 693 m

 *(sur la N 106)*

Variante du col des Laupies *(non balisée)*

Depuis la gare, suivre le GR 72 en direction de Cassagnas jusqu'à une passerelle ; laisser le GR 72 sur la gauche. Quitter l'ancienne voie de chemin de fer pour emprunter, à droite, une large sente dans les fayards pour monter au col des Laupies *(où l'on croise le GR 7 venant du col de Jalcreste)*. S'engager sur la piste forestière de gauche pour atteindre le col de la Pierre Plantée.

9 km • 2 h 30 • col de la Pierre Plantée • 891 m

▶ **Jonction avec les GR 67 A et 70 venant du Plan de Fontmort.**

S'engager sur la D 62 en direction de Barre-des-Cévennes, franchir le pont sur la Mimente et poursuivre jusqu'à l'intersection d'un chemin à gauche.

(45) Franchir le pont du Croupatas et s'engager, à gauche, sur la route forestière qui passe aux ruines de la Révolte et laisse le hameau des Boubaux sur la gauche. Poursuivre et rejoindre un carrefour de chemins forestiers.

(46) S'engager en face et, 100 m plus loin, à gauche *(possibilité, à droite, de gagner le Plan de Fontmort, où l'on peut voir une stèle élevée à la mémoire des Camisards, calvinistes cévenols insurgés durant les persécutions qui suivirent la révocation de l'édit de Nantes)*.

▶ **Jonction avec les GR 7 et 67 :** emprunter l'ancienne route royale de Barre-des-Cévennes à Saint-Germain-de-Calberte, bâtie à même la roche. Poursuivre jusqu'à un réservoir *(accueil possible au château du Cauvel en empruntant un sentier à droite, sur 500 m)*. Plus loin, atteindre un embranchement.

(47) Emprunter le chemin qui descend sur le versant sud du mont Mars, jusqu'au col de la Pierre Plantée.

10 km • 2 h 30 • col de la Pierre Plantée • 891 m

Une histoire ferroviaire

Au-delà de Saint-Julien-d'Arpaon, le randonneur empruntera, dans un décor qui évoque à plusieurs reprises des paysages de western, entre les falaises schisteuses et les eaux vives de la rivière, la plate-forme et les ouvrages d'art, ponts et tunnels, de l'ancienne voie ferrée de la Compagnie des Chemins de fer départementaux. Il la suivra d'une gare désaffectée à l'autre entre Saint-Julien et Cassagnas. La construction de cette voie destinée à relier Florac à la ligne Nîmes-Paris par Clermont-Ferrand se déroula de 1906 à 1909 : ce fut une épopée du travail, un grouillement d'hommes et, en même temps, un chant du cygne à la veille de la Première Guerre mondiale, qui allait opérer dans la jeunesse du pays une terrible saignée.

En novembre 1908, la première locomotive arrivait à Florac... par la route, tirée pas douze chevaux et huit paires de bœufs. Elle devait ensuite faire la guerre à sa manière, du côté de Verdun. Le CFD, tendrement aimé des Cévenols avec ses locomotives et plus tard ses «Michelines»

**Saint-Julien-d'Arpaon,
dominé par le château qui veillait
jadis sur la vallée de la Mimente.**

beiges et rouges, connut ses heures de gloire au moment des foires et dans les années 40. Il transportait les mineurs du bassin de La Grand-Combe, les paysans, les premiers vacanciers, le bois et les minerais, mais sa voie métrique obligeait, en gare de Sainte-Cécile-d'Andorge, à de coûteux transbordements.

La ligne fut fermée en 1968 malgré les protestations de la population, et les rails furent déposés en dépit d'un projet d'exploitation touristique. Le randonneur pourra admirer l'impeccable travail de la pierre réalisé par les maîtres du début du siècle, et méditer sur l'éphémère des œuvres humaines dans le mélancolique silence des tunnels.

Un pays foncièrement protestant

A l'approche de Cassagnas, et jusqu'à Saint-Jean-du-Gard, voire au-delà, l'histoire protestante reprend ses droits. Les avait-elle jamais perdus ? La Salle-Prunet a abrité à la fin du XVIIIe siècle un séminaire clandestin de jeunes pasteurs qui allaient ensuite parfaire leur formation à Lausanne ; au-dessus de Ventajols, une assemblée a été surprise en 1718 au Cros du Paradis ; à La Valette, le prophète Élie Marion a pleuré des larmes de sang en

L'Assemblée Interdite.
Tableau de Jeanne Lombard (coll. musée du Désert).
**Le Désert, ce sont les grottes, les sous-bois, les ravins
où se cachaient les protestants pour célébrer le culte interdit.**

1704, etc. Voici, sur les flancs du Bougès, le hameau des Croses et sa caverne naturelle des Aberlens : il en existe plusieurs dans les Cévennes, toutes ayant servi, selon de tenaces traditions orales, à abriter les prédicants clandestins après 1685, puis les Camisards et, enfin, les opposants à la Terreur.

Il n'est pas possible, en revanche, d'imaginer que ces modestes abris aient pu servir d'arsenaux et d'hôpitaux aux Camisards ! Face aux Croses, au flanc d'un plateau aujourd'hui désertique et parsemé de fermes en ruine (dont celle où naquit le pasteur Vier, dont Stevenson apprécia la conversation à Florac), se trouve le hameau de Magistavols, où naquit l'une des plus farouches figures de la guerre des Camisards : Pierre Séguier, dit Esprit en raison de son don de prophétie, berger, chef des assassins de l'abbé du Chayla le 24 juillet 1702

Plaque du souvenir à Magistavols.

ICI EST NÉ
VERS 1647
PIERRE-ESPRIT SÉGUIER
PREMIER CHEF DES CAMISARDS
BRULÉ VIF LE 12 AOUT 1702
AU PONT-DE-MONTVERT
250ème ANNIVERSAIRE
MUSÉE DU DÉSERT - 1952

Le cœur du pays

J'approchais maintenant de Cassagnas, amas de toits noirs groupés à flanc de coteau, dans cette vallée sauvage, parmi la châtaigneraie, et dominée dans l'air limpide par de nombreux pics montagneux. La route longeant la Mimente est encore neuve, et les montagnards ne sont pas encore revenus de leur surprise quand la première charrette est arrivée à Cassagnas. Mais bien que se trouvant à l'écart des affaires, ce hameau était déjà célèbre dans l'histoire de France. L'un des cinq arsenaux des camisards se trouvait tout près, dans des cavernes de montagne ; c'était là qu'ils cachaient des vêtements, du blé et des armes en cas de besoin, qu'ils forgeaient des baïonnettes et des sabres, et se fabriquaient de la poudre à canon avec du charbon de bois de saule et du salpêtre bouillis dans des chaudrons.

On amenait dans ces grottes, pour leur guérison, au beau milieu de ces activités variées, les malades et les blessés que deux chirurgiens visitaient, Chabrier et Tavan, et que des femmes du voisinage venaient secrètement soigner.

Des cinq légions entre lesquelles les Camisards étaient répartis, la plus ancienne et la plus obscure avait ses magasins à Cassagnas. C'était la bande d'Esprit Séguier. *(Journal de route en Cévennes)*

au Pont-de-Montvert, et qui y fut brûlé vif le 12 août suivant, après avoir déclaré à ses juges lui demandant de confesser ses crimes : «Mon âme est un jardin plein d'ombrages et de fontaines.» Aux coreligionnaires qui entouraient son bûcher, il déclara encore : «Frères, attendez et espérez en l'Éternel ! Le Carmel désolé verdira et le Liban refleurira comme une rose.»

Un historien cévenol a osé comparer Séguier au prophète Amos de l'Ancien Testament, et désigner comme «Sinaï cévenol» le Bougès, où il avait pris le «Désert» avec quelques autres jeunes gens de la région.

Le pays est ici presque entièrement protestant et reste marqué à jamais par les suites de la révocation de l'édit de Nantes en 1685 : la résistance spirituelle, les assemblées au «Désert», le refuge à l'étranger, le prophétisme et la révolte des Camisards, la lente mais irrésistible reconstruction du XVIIIe siècle. Les chefs-lieux de commune sont dominés par des bâtiments trapus, de forme rectangulaire, éclairés par de grandes fenêtres en arc de berceau, et trop souvent aujourd'hui en

piteux état (des restaurations sont en cours). L'intérieur austère aligne bancs, chaire et table de communion : ce sont les temples élevés par la population dans les années 1820-1860 en remplacement des édifices rasés sur ordre de Louis XIV en 1685.

Cassagnas est l'une des rares communes de France à posséder un temple mais aucune église ; au hameau des Chazes, c'est l'école publique (fermée) qui a longtemps servi de salle de culte ! L'histoire s'inscrit aussi dans la mémoire orale, particulièrement riche en Cévennes ; on se souvient encore qu'à l'automne 1703, alors que le roi désespérait de venir à bout des Camisards, les troupes eurent commandement de raser méthodiquement le pays, puis de brûler l'ensemble des villages, hameaux, fermes et bâtiments agricoles dont les habitants avaient été regroupés dans quelques bourgs fortifiés, Florac, Barre, Saint-Germain, Saint-Jean... Ceci ne fit qu'accroître les souffrances et les haines ; les habitants surpris à errer près de leur domicile étaient immédiatement exécutés.

Une trace plus visible du temps des persécutions ne manquera pas de frapper le visiteur : ce sont ces cimetières familiaux qui alignent une poignée de tombes aux abords même des maisons, dans les jardins ou les prés, certains monticules

Une tombe familiale que l'on entretient aujourd'hui comme hier, témoin des persécutions subies par les protestants.

tendant à s'effacer. Les cimetières paroissiaux étant interdits à ceux qui n'avaient pas abjuré, les protestants préféraient se faire enterrer chez eux, et la coutume est toujours tolérée pour leurs descendants : les morts ici ne sont jamais exilés des vivants.

A l'intérieur même de certaines maisons, enfin, on peut encore voir les caches qui abritèrent les prédicants clandestins (la région fut longtemps parcourue par l'un des plus célèbres, originaire du Dauphiné, Jean Roman, qui vécut des heures rocambolesques avant de quitter le royaume), et plus simplement les versets de la Bible gravés sur des écriteaux de bois ou rythmant les éphémérides suspendus auprès des fenêtres : on sait que le calvinisme est profondément nourri des Écritures, lues en français dès le XVIe siècle dans cette région pourtant occitanophone, comme tout le Midi.

En montant vers le Plan de Fontmort

L'itinéraire conduit ensuite à un haut lieu où se déroulèrent pas moins de trois combats au temps des Camisards, et où un obélisque fut solennellement dédié en 1887, à l'occasion du centenaire de l'édit de Tolérance, par les pasteurs et la population «à la paix religieuse et à la mémoire des martyrs». On retrouve ici, réduite à quelques dizaines de mètres de large, la ligne de partage des eaux entre Atlantique et Méditerranée : la Cévenne des Gardons, ouverte vers le sud, y prend racine ; son enchevêtrement de serres (montagnes acérées, sur le modèle des sierras espagnoles) et de valats profonds a souvent suscité la comparaison avec une mer immobile ; les couleurs dominantes en sont le vert et le noir et, selon les saisons, le jaune des genêts en fleur et le mauve des bruyères. André Siegfried y voyait dominer le «violet-vert» sur un «je ne sais quel fond noir».

On découvre surtout, comme pour une leçon de choses grandeur nature (que propose aussi l'Écomusée de la Cévenne, sur tout un ensemble de sites, musées et sentiers dans les vallées des gardons -

renseignements P.N.C.), l'étagement du paysage cévenol en fonction de l'altitude. Les hautes pentes, aux alentours de 800-1 000 mètres (elles culminent ici au mont Mars à 1 162 mètres), étaient au siècle dernier largement dénudées, comme le Bougès voisin ou l'Aigoual. Gérés collectivement, ces «communs» servaient de terres de parcours estival pour les troupeaux montés des hameaux situés à mi-pente ; cette transhumance

Dans la forêt domaniale de Fontmort.

interne explique qu'elles soient parsemées de «jasses» (bergeries) aujourd'hui écroulées. A la fin du XIXe siècle, l'État entreprit une œuvre de reboisement majeure par deux lois, celle de 1882 (restauration des terrains de montagne) et celle de 1895 (institution de périmètres de reboisement) : dès lors, la forêt de résineux, mais aussi la hêtraie, envahissent peu à peu les hautes terres, recouvrant totalement d'anciens grands domaines agricoles dont le randonneur ne devine parfois même plus les traces (ainsi Boubaux, sur le flanc nord de Fontmort). Les sangliers et les cervidés y trouvent des refuges commodes.

Col de la Pierre Plantée

▶ Jonction avec la variante venant du col des Laupies.

S'engager sur le chemin descendant en face, passer près d'un réservoir et, après un virage, parvenir à une intersection.

(48) S'engager à droite sur la piste qui descend au groupe de bâtiments du Serre de la Can (*gîte d'étape, hôtel*). Plus loin, un sentier descend à travers bois jusqu'à Saint-Germain-de-Calberte.

4 km • 1 h • Saint-Germain-de-Calberte • 489 m

🛏 ⛺ 🍴 ☕ 🛒 ℹ️

Emprunter, au sud du village, la D 984 sur 500 m environ.

(49) S'engager à droite sur un chemin qui passe aux Faysses et aux Moles. Presque parallèle à la D 984, il coupe la D 13, passe au-dessus de La Liquière, puis à La Liquiérolle. Un peu après, rejoindre la D 984 (*en face, 500 m plus loin, le GR 67A mène au gîte d'étape du pont de Burgen*). Suivre à droite la D 984 sur 2 km environ. Après l'intersection avec la route de Masbernat, s'engager à droite sur un ancien chemin pour atteindre Saint-Étienne-Vallée-Française.

9 km • 3 h • Saint-Étienne-Vallée-Française • 255 m

🛏 ⛺ 🍴 ☕ 🛒 ℹ️

Sous le charme d'une antique légende

C'est l'histoire d'une «vieille fille» qui finit par pécher et qu'une méchante fée condamne à errer toute sa vie par le pays, accompagnée de son enfant, d'un chien et d'un âne, et en portant sur son dos une grande pierre plate (un menhir).

Voici le calvaire de la pauvre vieille : elle arrache une pierre au col des Laupies (des Grosses-Pierres), enterre son enfant au Plan de Fontmort («Efont mort», enfant mort), laisse le cadavre de son chien dans la Fosse du Chien («lo Cros del Chin»), se réfugie dans une jasse le temps d'un orage et demande à son âne : «Escota se plou» (Écoute s'il pleut) avant de voir l'animal emporté par le Gardon en crue (au lieu-dit «Negase» : Noie-âne). La pauvre vieille entame une dernière ascension : elle plante bientôt sa pierre trop lourde (le menhir est toujours là) et meurt sur la cime de la montagne, depuis appelée «La Vieille-Morte».

Terrible fin d'une pauvre histoire d'amour, entre mythe de Sisyphe et chemin de croix. Sans doute le désir d'expliciter certains lieux-dits saugrenus justifie-t-il la macabre légende : la ferme ruinée de «Escota se plou» existe bien dans les parages, aux côtés d'une Babylone ou d'une Rome !

L'arbre à pain

Entre 400 et 800 mètres d'altitude triomphe la châtaigneraie, vrai royaume cévenol, au cœur de laquelle prennent place les clairières occupées par les hameaux, leurs champs, prés, jardins et vignes. L'«arbre à pain» a tout donné au pays : la nourriture, le bois des charpentes, des meubles, des ruches, des piquets de vigne pour le Languedoc. Il existe de très nombreuses variétés de châtaignes : parmi les meilleures, citons la dauphi-nenque, la pellegrine, la gascaise, la pountchude, chacune présentant des qualités particulières. Le plus gros de la récolte était préparé dans de petits bâtiments dont la châtaigneraie est encore truffée : les clèdes. Les fruits étaient déposés sur un plancher disjoint, et un feu lent brûlait des journées entières au rez-de-chaussée ; la fumée séchait les fruits, qui étaient ensuite débar-rassés de leur double peau par l'opération du pisage (deux hommes battaient un sac de châtaignes sur un billot de bois). Les «blanchettes» obtenues, en occitan les bajones, dures comme des pierres, pouvaient passer l'hiver et agrémenter la soupe (le bajanat), délicieusement sucrée. La châtaigneraie a ainsi valu aux Cévennes un durable renom de pays de cocagne, en dépit de la dureté de la vie. Il y avait même, non loin de Saint-Germain-de-Calberte et jusqu'au début du siècle, une importante foire au travail, la «grand loue» des Aires, où la jeunesse venait s'embaucher de fort loin pour le ramassage des châtaignes.

A l'automne, quand la châtaigneraie flamboie.

Ici encore, le paysage a évolué : les châtaigniers ont été atteints par l'encre et l'endothia, qui continuent leurs ravages en dépit des traitements et de l'introduction de variétés plus résistantes en provenance du Japon ; la déprise humaine ne pouvait aussi que contribuer à la dégradation de cet immense verger. Il s'est développé en outre, dans la première moitié du siècle, une industrie d'extraction du tannin contenu dans le bois de l'arbre ; des usines se sont installées au piémont des Cévennes (à Génolhac ou Saint-Jean-du-Gard) et ont acheté les châtaigneraies. Source d'argent, palliant la mévente des châtaignes, ou crève-cœur ? Marie Manen, la fille du dernier pasteur de Saint-Martin-de-Lansuscle, que l'itinéraire surplombe, a écrit en 1937 un court roman sur la vente des châtaigniers, l'exode des hommes et la mort du pays et de son âme : *Pays sacré de nos aïeux*, dont le titre est emprunté à *La Cévenole*, l'hymne des huguenots (1885), et qui n'est pas sans rappeler dans son amère sobriété la *Suite cévenole* d'André Chamson. Le randonneur n'approche-t-il pas, du reste, de la Vallée-Française où vécut un temps clandestinement Alfred Roux (1894-1985), ce jeune paysan qui refusa de partir à la Première Guerre mondiale et qui inspira à Chamson son premier grand roman, fictivement situé sur l'Aigoual, *Roux le Bandit* (1925) ?

Une ruelle à Saint-Germain-de-Calberte, hameau paisible où Stevenson n'a «jamais été aussi profondément heureux».

Un bourg typique des hautes Cévennes

La descente de Fontmort à Saint-Germain-de-Calberte se fait dans les pas mêmes de Stevenson. Le chemin qu'il emprunta est resté identique depuis la fin du XVIIe siècle : il s'agit de l'un des fameux chemins royaux (ici de Barre à Saint-Germain) que l'intendant du Languedoc, Basville, fit percer au lendemain de la révocation de l'édit de Nantes pour mieux surveiller les protestants cévenols, qu'il savait remuants, et y faire circuler le cas échéant troupes et canons.

Ces chemins de crête ignorent les hameaux qu'ils dominent ; ils ont été construits avec beaucoup de soin (aux frais des communautés !), comme on peut le voir aux murs qui les supportent et aux caniveaux et bornes qui les bordent. L'été, lorsque la chaleur y devient aussi forte qu'en Provence, l'odeur des pinèdes traversées y est presque suffocante : on peut toujours imiter Stevenson, qui gagna Saint-Germain sous la lune ! On peut aussi rêver à de lointains prédécesseurs qui ont laissé ici plusieurs menhirs et dolmens (d'où le nom de «pierre plantée» donné à un carrefour) ; l'un d'eux, en contrebas du chemin, est taillé presque

«Je saluais la lune une dernière fois alors qu'elle disparaissait derrière la crête, et que je descendais toujours ; une minute ou deux après, je me trouvais inopinément à Saint-Germain-de-Calberte. L'obscurité était si totale que je ne vis rien du village, excepté un carré de lumière qui tombait d'une porte ouverte sur la route. Des gens qui s'étaient attardés à bavarder par-dessus un mur de jardin me conduisirent à l'auberge. La propriétaire couchait ses poussins ; le feu était déjà éteint et il fallut, non sans qu'elle renaclât, le rallumer ; une demi-heure plus tard, j'ai dû gagner mon perchoir sans souper.» (*Journal de route en Cévennes*)

Depuis 30 ans, Irène et Daniel Darnas et leurs enfants ont restauré le château de Saint-Pierre (XIe siècle) à Saint-Germain-de-Calberte. L'été, exposition de bijoux, tél. 04 66 45 90 30 (entrée gratuite)

tout entier dans un bloc de quartz blanc (lequel se trouve régulièrement mêlé au schiste). Plus tard, ce fut au tour des Romains de hanter les parages : la villa gallo-romaine de Saint-Clément, elle aussi située sous le chemin, en garde les traces. Un détour à Pont-Ravagers, dans la Vallée-Française, permettra de découvrir le passé le plus ancien du pays grâce au musée animé par un spécialiste, Numa Bastide.

Un triple rendez-vous avec l'histoire

L'arrivée à Saint-Germain-de-Calberte permet de découvrir l'un des bourgs les plus typiques des hautes Cévennes : il s'étage sur une série de terrasses qui rom-

Saint-Germain-de-Calberte est une grande paroisse dont la circonférence fait neuf lieues. Pendant les guerres de Religion, elle comprenait deux-cent-soixante-quinze familles dont neuf seulement étaient catholiques ; il fallait au curé dix-sept jours en septembre pour aller à cheval de porte en porte en faire le recensement. Mais l'endroit même, bien que chef-lieu de canton, est à peine plus gros qu'un hameau. Il est disposé sur une terrasse en travers d'une pente raide au milieu de robustes châtaigniers. La chapelle protestante se trouve en dessous, sur un épaulement ; la curieuse vieille église catholique est au milieu du village. C'était ici que le malheureux du Chayla, le martyr chrétien, possédait sa bibliothèque et tenait une cour de missionnaires ; c'est ici qu'il avait bâti sa tombe, espérant reposer au sein d'une population reconnaissante qu'il avait sauvée de l'erreur. (*Journal de route en Cévennes*)

pent momentanément la longue chute de la montagne jusqu'à un gardon profondément encaissé. Les pentes sont aménagées en «bancels» ou «faïsses», ces fameuses terrasses (ou traversiers) soutenues par des murs et quelquefois complantées (mûriers et prés, par exemple) : paysage ou architecture ? Plusieurs auteurs ont pu parler d'amphithéâtre à propos de ces gradins agricoles.

Saint-Germain est un chef-lieu de canton très animé au cœur de l'été. Le randonneur y a un triple rendez-vous avec l'histoire.

C'est d'abord le Moyen Âge : des chercheurs fouillent depuis quelques années les restes d'un village médiéval, ancêtre du bourg actuel, situé plus bas dans le gardon, autour du château de Saint-Pierre, récemment restauré. Les habitants s'y livraient au travail des métaux, avant d'abandonner le site pour des raisons inconnues. Dans les années 1360, le pape gévaudanais Urbain V choisit d'installer à Saint-Germain un studium, qu'il subventionna généreusement : il s'agissait d'un collège destiné à dégrossir de futurs étudiants des universités d'Avignon et de Montpellier. Le même pape, resté fidèle à ses Cévennes natales, enrichit l'église de Saint-Germain, comme il l'a fait pour celle de Mende ou de Bédouès.

Peine perdue ! Saint-Germain passa tôt et presque intégralement à la Réforme et devint le chef-lieu d'un colloque (circonscription ecclésiastique protestante). Cela lui valut d'être symboliquement choisi par l'abbé du Chayla, en 1686, pour en faire sa résidence et la base d'une reconquête des Cévennes. L'inspecteur des missions des Cévennes au diocèse de Mende (ce fut son titre officiel) créa autour d'un château confisqué à l'ancien pasteur du lieu un séminaire appelé à former un nouveau clergé.

Saint-Germain devint pour quelques années, comme le note Stevenson, la «Rome» des Cévennes, avant que ce titre ne passe au XIXe siècle à Saint-Étienne-Vallée-Française, où a toujours subsisté un noyau d'authentiques catholiques cévenols autour du château de la baronne de Molembaix. Le grand projet de l'abbé tourna court : après sa mort au Pont-de-Montvert, il fut enseveli dans l'église de Saint-Germain, où nulle trace n'indique la sépulture de celui qui reste dans l'histoire comme le principal persécuteur des

Menhir au col de la Pierre Plantée (891 m d'altitude).

Quelques minutes de repos pour savourer la beauté des paysages cévenols.

Cévenols. Quant au père Louvreleul, qui prononça le sermon funèbre (avant que l'annonce de l'arrivée des Camisards ne disperse l'assemblée comme volée de moineaux), il eut le courage de rester plusieurs semaines encore dans un bourg en état de siège où les miliciens censés le garder chantaient des psaumes huguenots ! Le père Louvreleul raconte tout cela dans son *Fanatisme renouvelé*, un classique paru en 1704.

Cévenne terre de refuge

La région de Saint-Germain-de-Calberte eut un autre rendez-vous avec l'histoire au cours des années 1940 : la Cévenne y servit une fois de plus de terre de refuge. Des communistes allemands ou autrichiens arrivés en France dans les années 1930 formèrent un maquis au hameau de La Fare, voisin de Saint-Germain, qui fut brûlé et dynamité par des policiers venus de Montpellier. Les maquisards français, F.F.I. ou F.T.P., furent également nombreux dans la région ; le maquis Bir Hakeim, qui devait être décimé en mai 1944 à La Borie, sur le causse Méjean,

s'est installé un temps près de Saint-Étienne et a connu plusieurs accrochages avec les troupes d'occupation.

La note la plus caractéristique, cependant, provient sans conteste du refuge juif : pas moins de vingt-cinq personnes à l'hôtel Martin de Saint-Germain, d'autres dans diverses familles de la vallée. Toute la population a concouru à ce sauvetage, avec à sa tête les hôteliers, le pasteur Martin et son épouse, l'instituteur, qui se gardait de déclarer les enfants juifs de son école, un menuisier membre de l'Armée du Salut et sa sœur, etc. Quatre de ces héros tranquilles ont reçu de l'État d'Israël la médaille des Justes. Du reste, c'est tout au long de son parcours que le randonneur passe à proximité de fermes ou de hameaux «sauveurs». Cela provient en partie de l'ancienneté de la foi républicaine et laïque des Cévennes : dans la région de Saint-Germain, nombre de propriétaires votaient naguère communiste pour n'avoir personne à la gauche de la République, et certains se prénommaient Marceau, Kléber ou Danton, en hommage à la Révolution, quand ce n'était pas Rossel (un communard originaire du pays et exécuté par les Versaillais), Garibaldi, Coligny, Scipion ou Jérémie !

Saint-Étienne-Vallée-Française.

Sur la route
royale
au col de
Saint-Pierre.

Nombre de hameaux et fermes sont aujourd'hui déserts dix mois sur douze, ou purement et simplement abandonnés. Inutile, évidemment, d'incriminer l'exil des protestants vers l'Europe du Refuge au lendemain de 1685 : il a emporté moins de 2 % de la population à la fin du XVIIe siècle, même si certains sont devenus célèbres, à l'image de Marc-Théodore Bourrit, l'un des premiers conquérants du mont Blanc, dont le grand-père avait fui Saint-Étienne-Vallée-Française. C'est l'exode rural du XIXe siècle qui est le grand coupable : peu de régions ont été aussi gravement frappées, dès les années 1830 ou 1850, avec des pertes représentant jusqu'à 90 % de la population initiale des communes. La plupart des émigrants, jadis ouvriers agricoles ou domestiques (pour les femmes), ne sont pas allés très loin : Alès et son bassin houiller, Nîmes, Montpellier ou Marseille. Seuls les fonctionnaires ont connu des débuts de carrière parisiens : les Cévennes sont à cet égard une autre Corse, pépinière d'agents de la Poste et de cheminots (notamment à la défunte Petite Ceinture de Paris), de gendarmes, de gardiens de prison et d'instituteurs, voire de hauts fonctionnaires ou d'universitaires.

En revanche, les Cévennes ont vu s'installer au cours des années 1970 des jeunes en rupture de ban avec la société de consommation et l'université : les «zip-

> Avec le dîner suivi du café, il était bien passé trois heures pour mon départ de Saint-Germain-de-Calberte. Je descendis le long du gardon de Mialet, un grand lit de rivière étincelant et sans eau, et je traversai Saint-Étienne de Vallée Française, ou Val Francesque, comme on l'appelait ; vers le soir je commençai l'ascension du coteau de Saint-Pierre. C'était une longue et rude montée. (*Journal de route en Cévennes*)

pies» ou néo-ruraux ont longtemps défrayé la chronique locale avec leurs communautés, leurs mœurs vestimentaires et musicales, leurs plantations de cannabis. Beaucoup sont repartis ; d'autres sont restés et ont revitalisé des communes ; parfois, ils siègent même au conseil municipal. Ils animent les marchés estivaux et font rouvrir des écoles pour leurs enfants.

Traverser Saint-Étienne-Vallée-Française jusqu'à la sortie, prendre à droite une petite route, passer sur le pont pour continuer un chemin montant entre les deux massifs forestiers *(chambres d'hôtes à Ancize)* pour atteindre la D 983 et le hameau du Martinet *(chambres d'hôtes)*.

㊿ Après le pont, s'engager à droite sur le sentier rejoignant une piste qui s'élève en plusieurs lacets et passe au lieu-dit Le Triquet. Avant la D 9, suivre une piste en courbe de niveau. Au croisement, prendre à droite et gagner le col de Saint-Pierre.

4,5 km • 2 h • col de Saint-Pierre • 596 m

Traverser la D 9 et s'engager à droite sur le chemin qui descend à travers bois et conduit à L'Affenadou. Après deux longues boucles, déboucher sur la D 907 au hameau de Pied-de-Côte. Suivre la D 907 en direction de Saint-Jean-du-Gard. Après le collège hôtelier, au lieu-dit Le Raset, prendre à droite un chemin qui franchit le Gardon.

㊶ Tourner à gauche et longer le Gardon entre les Mas de la Boriette, de la Baumette et de la Vigère pour atteindre le vieux pont de Saint-Jean-du-Gard.

7 km • 2 h • Saint-Jean-du-Gard • 189 m

Le train touristique ne fonctionne pas toute l'année, voir p. 10

Le périple de Robert Louis Stevenson se termina ici ; il rejoignit Alès en voiture hippomobile. Nous vous proposons de continuer jusqu'à Alès par les GR 61-67 et 44 D, qui sont décrits dans les pages suivantes.

Dans le bourg de Pied-de-Côte.

Le train à vapeur des Cévennes à Saint-Jean-du-Gard, par lequel on peut rejoindre Anduze, dont la bambouseraie et le village musical sont célèbres.

Au terme du voyage

Les dernières heures de marche, de part et d'autre du col de Saint-Pierre, sur la Corniche des Cévennes, voient le pays s'adoucir et se méridionaliser : voici la Cévenne de la vigne et du mûrier, bientôt des palmiers au seuil des demeures de notables. Les vignes, que Stevenson vit ravagées par le phylloxéra, donnaient un vin sombre, râpeux, aigrelet, le «clinton». «C'était une horrible piquette/Mais il faisait des centenaires/A ne plus savoir qu'en faire/S'il ne vous tournait pas la tête», chante Jean Ferrat dans *La Montagne*, devenue l'hymne de la nostalgie cévenole.

La soie nourrit également une mémoire douloureuse : elle fit la richesse du pays au XIXᵉ siècle, et le mûrier mérita d'être appelé «l'arbre d'or». Il commença à conquérir les Cévennes, avec la bénédiction de la royauté, à la fin du XVIᵉ siècle ; le début du XIXᵉ connut une véritable fièvre de la soie, à laquelle mettront fin une grave épidémie finalement enrayée par Pasteur, la pébrine, puis la concurrence des soies asiatiques et artificielles. Les feuilles de l'arbre permettaient de nourrir les vers à soie, extraordinairement voraces : d'où les plantations de mûriers, aisément reconnaissables à leurs moignons noueux, et ces grands et hauts bâtiments, souvent couronnés de cheminées, dans lesquels se déroulait l'élevage à

température constante, les magnaneries (de l'occitan «magnan», ver à soie). La soie des cocons était transformée sur place dans des filatures d'abord artisanales puis industrielles : la Vallée-Française et, surtout, Saint-Jean-du-Gard en ont compté plusieurs ; vingt-trois établissements de Saint-Jean donnaient du travail à plus de mille fileuses au milieu du

XIXᵉ siècle, et la filature de Maison-Rouge, bel exemple d'architecture industrielle, n'a fermé ses portes qu'en 1964.

A Saint-Jean-du-Gard, Stevenson parvenait au terme de son voyage. La ville est aujourd'hui un centre touristique remarquable, à proximité immédiate de la bambouseraie de Prafrance, de la grotte de Trabuc et du musée du Désert (au Mas Soubeyran), qui retrace le passé huguenot dans la maison natale du grand chef camisard Pierre Laporte, dit Roland ; on peut rejoindre Anduze en empruntant le train à vapeur des Cévennes. Saint-Jean-du-Gard abrite un remarquable musée des Vallées cévenoles, dont la visite est indispensable au randonneur désireux de se retourner une dernière fois sur son périple cévenol et d'appréhender globalement les données culturelles qui ont fait l'âme si particulière du pays.

Patrick CABANEL

La vente de Modestine.

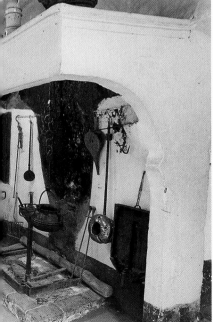

La cuisine de la maison de Pierre Laporte, chef camisard. Restée telle qu'elle était à l'époque, la maison des Laporte, acquise à la fin du siècle dernier, abrite le musée du Désert depuis 1911.

Examinée le matin du 4 octobre, Modestine fut déclarée inapte à voyager. Il lui fallait au moins deux mois de repos d'après le palefrenier ; mais je désirais maintenant gagner Alais pour trouver mes lettres ; aussi, me trouvant dans un pays civilisé pourvu de diligences, je résolus de vendre mon amie et de partir avec la diligence cet après-midi. Notre marche de la veille, avec le témoignage du charretier qui nous avait suivis dans la longue montée de Saint-Pierre, fit une bonne réputation sur les aptitudes de mon ânesse. Des acheteurs éventuels furent au courant d'une occasion sans pareille. Avant dix heures, j'avais une offre de vingt-cinq francs ; et avant midi, après une rude discussion, je la vendis avec la selle et tout le reste pour trente-cinq francs. Le bénéfice n'est pas évident, mais j'avais acheté la liberté par-dessus le marché. (*Journal de route en Cévennes*)

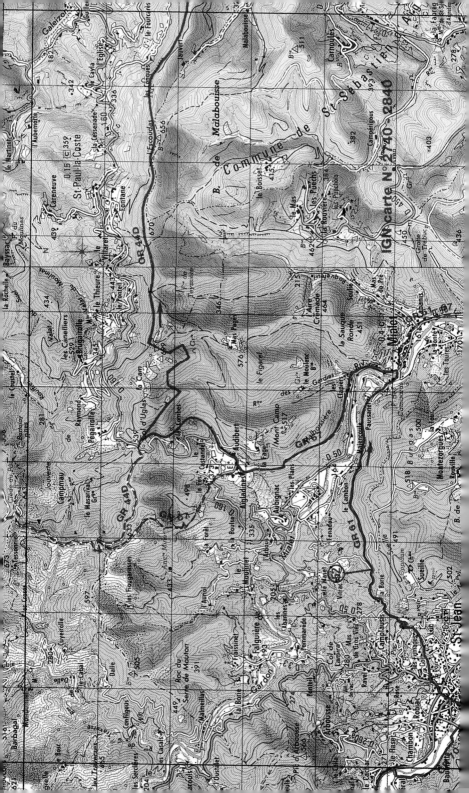

Sortir de la ville en passant devant la mairie par le GR 61, traverser le carrefour pour suivre la D 983. Peu après, s'engager sur la route devant le gymnase pour rejoindre la ferme du Luc. Se diriger vers La Borie (322 m) en empruntant la route de Montezorgues jusqu'à une intersection avec un chemin.

(52) Emprunter le chemin à gauche pour arriver au pont des Camisards à Mialet.

7 km • 2 h • Mialet • 161 m

🏠 ▲ ✕ 🚌 *Dernier point d'eau avant Alès*

▶ *Jonction avec le GR 67 :* passer le pont et suivre la D 50 sur la gauche jusqu'au lieu-dit Les Clapiers. Monter à travers les châtaigniers pour passer le hameau de L'Elzière. Quitter le GR 67, prendre à droite la D 160 en traversant les hameaux d'Audibert et du Capelier. Peu après le virage (433 m), emprunter un chemin (piste équestre) pour arriver au col d'Uglas.

5 km • 2 h • col d'Uglas • 539 m

▶ *Jonction avec le GR 44 D :* monter progressivement et, vers l'est, suivre une ligne de crête pour atteindre le sommet de l'Escoudas (656 m)

Adieu Modestine !

Ce ne fut pas avant d'être installé à côté du cocher, et de rouler dans une vallée rocheuse, entre des oliviers nains, que je me rendis compte de mon deuil. J'avais perdu Modestine. Jusqu'à ce moment-là, je croyais que je la détestais ; mais maintenant qu'elle était partie, «Oh ! quelle différence pour moi».

Pendant douze journées, nous avions été d'intimes compagnons. (...) Passé le premier jour, bien qu'offensé parfois, et distant d'allure, j'étais resté patient ; et quant à elle, la pauvre, elle en était arrivée à me considérer comme un dieu. Elle aimait manger dans ma main. Elle était patiente, élégante de forme, couleur d'une souris idéale, et petite inimitablement. Ses défauts étaient ceux de sa race et de son sexe ; ses vertus lui étaient propres. Adieu, et si c'est pour toujours...

(Journal de route en Cévennes)

Suivre la ligne de crête (panorama sur la vallée du Galeizon) et atteindre un carrefour de cinq chemins.

 Arrivé au-dessus de Mayelle, rejoindre le sommet de Moncalm (563 m). Plus loin, passer au-dessus du château en ruine de Sauvage (XIVᵉ siècle) ; le contourner pour atteindre la croix de Sauvage.

15 km • 5 h 30 • croix de Sauvage • 301 m

Le sentier traverse les anciennes mines à ciel ouvert de fer et de zinc de Trépeloup. Prendre à droite le chemin qui rejoint la mine témoin de Rochebelle pour arriver à Alès.

3,5 km • 1 h 45 • Alès • 126 m

Pour rejoindre la gare d'Alès depuis Rochebelle, emprunter la rue du Faubourg-de-Rochebelle, passer le pont Lénine, remonter le quai Boissier-de-Sauvage. A la cité adminis-trative, l'hôtel des finances, se diriger vers la sous-préfecture ; tourner à gauche, passer le bureau de poste et continuer tout droit jusqu'à la gare routière et la gare SNCF, située dans son prolongement.

**Le village musical d'Anduze,
réalisé en bambou, auquel on accède par
le train à vapeur des Cévennes.**

ALÈS, UNE MÉRIDIONALE PAS COMME LES AUTRES

*Lovée dans une boucle du Gardon, au pied de la colline
de l'Ermitage, Alès est une ville moderne qui,
grâce à des espaces piétonniers ombragés de platanes
et des maisons peu à peu repeintes aux couleurs pastel,
possède un cachet méridional indéniable.
Cafés, joueurs de boules, soleil, accent et toits de tuiles
confirment l'appartenance d'Alès au Midi.
Mais le châtaignier, symbole, s'il en est, des Cévennes,
le dispute à l'olivier dans le paysage environnant et,
déjà, les maisons s'y étagent sur les «faïsses»,
ces banquettes de terre maintenues par des murets de pierres
sèches qui sont l'apanage des hauts pays.*

Dans l'ensemble méditerranéen, ville frontière entre Languedoc et Cévennes, Alès est une cité singulière, et les curiosités qu'elle offre à ses visiteurs ne sont pas tout à fait non plus celles qu'on attendrait d'une ville du soleil. Une cohabitation séculaire avec la technique et l'industrie y a forcément laissé des traces.

Le travail du fer dès l'époque gallo-romaine, la filature de la soie et l'extraction de la houille dès le Moyen Âge sont autant de jalons attestant la très ancienne tradition industrielle d'Alès, tradition qui s'est perpétuée jusqu'à nos jours après le spectaculaire développement des mines et de la métallurgie entre 1850 et 1950. Comptant 45 000 habitants, Alès, sous-préfecture et deuxième ville du Gard, est bien la capitale économique des Cévennes avec,

outre la pépinière réputée d'ingénieurs que constitue son école des Mines, un commerce performant dont la zone d'attraction s'étend jusqu'à l'Ardèche.

Sur le plan architectural, Alès doit à un passé que les guerres de Religion contribuèrent à troubler sérieusement l'ancienne cathédrale Saint-Jean et le fort Vauban, édifices de la fin du XVIIe siècle qui devaient affirmer l'emprise du pouvoir royal sur la cité. Alès est un évêché relativement récent, taillé dans l'ancien diocèse de Nîmes pour intensifier la catholicisation des Cévennes.

La cuisine mêle aussi influence languedocienne et montagnarde, recourant aussi bien à l'ail et à l'huile d'olive qu'à la charcuterie, aux champignons et au pélardon, ce fameux petit fromage de chèvre blanc et rond sans lequel on ne saurait clore un

On ne manquera pas de visiter la Mine Témoin, étonnante rétrospective de l'histoire minière de Zola à nos jours.
Tout au long des 650 mètres de galeries creusées dans la colline de Montaud où, dès 1230, les moines bénédictins de l'abbaye de Cendras faisaient exploiter le charbon de terre, on est convié à revivre ici une saisissante histoire technique et humaine. Les collections minéralogiques de l'école des Mines comptent, quant à elles, parmi les premières de France.

Alès : la rue Sauvage, dans le centre piétonnier de la capitale cévenole.

repas. Même dualité chez les habitants, qui ont la parole et les contacts faciles, mais qui savent aussi faire preuve d'une réserve et d'un solide bon sens hérités des siècles où la vie fut souvent âpre.

Les amateurs d'art et d'histoire pourront faire un détour par le musée municipal du Colombier, qui conserve, en particulier, deux œuvres de Bruegel de Velours et un triptyque de Bellegambe.

Plus étonnante sera sans doute la découverte, dans l'ancienne et séduisante demeure XVIIIᵉ des évêques d'Alès, magnifiquement restaurée, de la collection d'art contemporain léguée à sa ville natale par Pierre-André Benoît. Œuvres de Braque, Picabia, Miró, Picasso et autres artistes de l'époque précubiste y ont trouvé un magnifique écrin. On sait moins que le musée-bibliothèque PAB abrite – c'est unique en France – une annexe de la Bibliothèque nationale où sont conservés des livres rares et une volumineuse correspondance de quarante ans entre Pierre-André Benoît et les plus grands artistes du XXᵉ siècle. Cette partie n'est toutefois accessible qu'aux chercheurs.

Au nombre des hommes célèbres, on rendra, bien qu'il n'en soit pas natif, un hommage à Pasteur, qui séjourna à Alès entre 1865 et 1869, le temps d'y découvrir le remède à la maladie qui décimait les élevages de vers à soie. En gage de reconnaissance, les Alésiens élevèrent la statue qui se trouve à l'entrée des jardins du Bousquet. Les écrivains Florian et Daudet, l'académicien Thierry Maulnier, le chimiste Jean-Baptiste Dumas, le physicien Louis Leprince-Ringuet et le trompettiste de renom international Maurice André sont autant d'autres figures marquantes ayant des liens avec Alès.

Avec le développement du tourisme, Alès, depuis un peu plus de vingt ans, est devenu un lieu de passage pour les vacanciers qui, chaque année, découvrent ou redécouvrent les vallées cévenoles. Si, pour beaucoup, la voiture ou le bus est le moyen le plus usuel de transport, l'accès possible à pied depuis la ville au vaste réseau de randonnées qui quadrille le massif des Cévennes n'est pas l'un de ses moindres attraits. Ainsi se profilent, pour la capitale des Cévennes, de nouvelles perspectives.

Marie-Josèphe DEVOIS

Bibliographie

*P*résentation de Jacques POUJOL.

Les Cévennes, aussi bien que la vie et l'œuvre de Stevenson, ont inspiré une abondante littérature qu'il est impossible d'inventorier ici. La lecture de deux ou trois romans d'André Chamson, de Max Olivier-Lacamp, de Jean-Pierre Chabrol ou de Jean Carrière constitue une excellente introduction à la partie cévenole du voyage.

En 1994, à l'occasion du centenaire de la mort de Robert Louis Stevenson, de nombreuses rééditions d'œuvres diverses de l'illustre écrivain écossais ont vu le jour. Une grande biographie de Stevenson par Michel Le Bris est parue aux Éditions Nil. Cet ouvrage a le mérite de faire revivre cet auteur à travers sa correspondance. Cependant, les pages consacrées au *Voyage avec un âne dans les Cévennes* sont un peu rapides, peu informées sur l'histoire et les réalités cévenoles et restent muettes sur les raisons qui attirèrent Stevenson dans ce pays (Michel Le Bris, R.L. Stevenson. *Les Années bohémiennes : 1850-1880*, Éditions Nil, 1994).

Il existe d'excellentes traductions françaises du livre que Stevenson publia d'abord en 1879 sous le titre *Travels with a Donkey in the Cevennes*, en particulier l'édition 10/18 publiée par Francis Lacassin sous le titre *Voyage avec un âne dans les Cévennes*.

Si le randonneur souhaite lire le récit de Stevenson dans sa forme la plus authentique, avec des éclaircissements historiques et géographiques sur ce texte, il choisira l'édition Privat-Club Cévenol mise au point en 1978 à l'occasion du centenaire du voyage, parue sous le titre *Journal de route en Cévennes*. Cette version dérive du manuscrit original des notes prises par Stevenson en cours de route, qui a été retrouvé sous le titre *Cévennes Journal* dans une bibliothèque américaine. Ce texte illustré et annoté après une étude sur le terrain, en étroite collaboration avec des gens du pays, a conduit diverses organisations à tenter de reconstituer un itinéraire Stevenson à l'usage des randonneurs (R.L. Stevenson, *Journal de route en Cévennes*, édition critique établie à partir du manuscrit intégral, traduction de J. Blondel, Privat-Club Cévenol, 1978, 1991).

Comme le *Journal de route*, plusieurs éditions du Voyage de Stevenson proposent aussi le texte intitulé *Promenades à pied* rédigé par Stevenson en 1876, dans lequel il exprime sa conception très particulière, et pour ainsi dire sa philosophie, de la randonnée.

Sous le titre *L'Appel de la route*, les Éditions Payot ont publié en 1994 l'intégrale des récits de voyage de Stevenson. *Le Journal de route en Cévennes* y figure dans la traduction de Bernard Blanc.

Le lecteur pourra également se référer aux publications suivantes :

Pour le Velay :

Arsac J., *La Dentelle*, Christine Bonnefond Éditrice, 1978.

Bertholet Ch., *Itinéraires pédestres en Haute-Loire*, Comité départemental de la Randonnée pédestre, Le Puy, 1990.

Bertholet Ch., *Randonnée sur les chemins de Saint-François Régis* (Haute-Loire et Ardèche), Comité Départemental de la Randonnée Pédestre, Le Puy, 1990.

Chaize J., *Les Croix du Velay*, Société Académique du Puy, 1964.

Comte L., *Le Puy-en-Velay, ville aux huit merveilles*, Imprimerie Lescuyer, Lyon, 1986.

Faux P., *Le Puy*, S. A. E. P., 1972.

Féminier B., *Pradelles et ses environs*, 1961.

Grimaud J., *La Transcévenole*, L'Éveil de la Haute-Loire, 1987.

Grimaud J. et Briat M., *La Haute-Loire*, Éditions de Borée, 1994.

Paul G. et P., *Les Décors du Puy*, réédité en 1971, Éditions Bordas, Paris.

Pour le Gévaudan :

Ce tant rude Gévaudan, par l'abbé F. Buffière, édité par la Société des Lettres, Sciences et Arts de la Lozère, Mende, 1985.

Pour le mont Lozère , le Pays camisard et les Cévennes en général :

Un certain nombre d'articles ont paru dans la revue *Cévennes* éditée par le Parc National des Cévennes :

«Désert et Pays camisard» (n°s 29-30).

«Nature et Paysages» pp. 67 à 78 (nos 36-37).

«Les gens d'ici» (nos 40).

«Le village aux trois ponts», par P. Lafue, édité par la Société des Lettres, Sciences et Arts de la Lozère, Mende, 1939.

«La relation d'Abraham Mazel», in *Journaux camisards*, 1700/1715 présentés par Ph. Joutard, UGE Poche 10/18, 1976.

Auprès du Parc National des Cévennes (48400 Florac) ou de ses centres d'information, on peut aussi se procurer de nombreuses publications sur l'Écomusée du mont Lozère, la faune et la flore du P.N.C., les promenades et randonnées :

-sentier écologique de Mas Camargues (version adulte et version enfant) ;

- guide touristique du P.N.C. (4 langues) ;

- fiches-guides «sentiers de découverte du paysage» (3 pochettes).

Carrière J., *L'Épervier de Maheux*, Jean-Jacques Pauvert Éditeur, Paris, 1972.

Carrière J., Joutard Ph., *Les Cévennes*, Éditions Autrement, Paris, 1988.

Chabrol Jean-Pierre, *Les Fous de Dieu*, Gallimard, Paris, 1961.

Chabrol Jean-Pierre, *Les Rebelles*, Plon, Paris, 1965-1968.

Chabrol Jean-Pierre, *Le Crève-Cévennes*, Plon, Paris, 1972.

Chabrol Jean-Paul, *Les Seigneurs de la soie. Trois siècles de la vie d'une famille cévenole*, Les Presses du Languedoc, Montpellier, 1994.

Chamson A., *Roux le Bandit*, Grasset, Paris, 1925.

Dubief H., Poujol H., *La France protestante, Histoire et Lieux de mémoire*, Éditions Max Chaleil, 1992.

Encrevé A., Poujol J., *Les Protestants français pendant la Seconde Guerre Mondiale*, Société de l'Histoire du Protestantisme français, 1994.

Joutard Ph. (sous la direction de), *Les Cévennes, de la montagne à l'homme*, Privat, Toulouse, 1979.

Joutard Ph. (préface), *Dire les Cévennes. Mille ans de témoignages*, Les Presses du Languedoc-Club Cévenol, Montpellier, 1994.

Joutard Ph., Poujol J., Cabanel P., *Cévennes, terre de refuge : 1940-1944*, Les Presses du Languedoc, Montpellier, 3e éd., 1994.

Lagrave R., *R. L. Stevenson*, Éditions Gévaudan-Cévennes, La Salle-Prunet, 1978.

Naugrette J.-P., *Robert Louis Stevenson, l'aventure et son double*, Presses de l'École normale supérieure, Paris, 1987.

Nouvelles des Cévennes, Robert Laffont, Paris, 1994 (avec, entre autres, des textes de Anne Bragance, Jean Carrière, Raymond Castans, Michel del Castillo, Jean-Pierre Chabrol).

Olivier-Lacamp M., *Les Feux de la Colère*, Grasset, Paris, 1969.

Pelen J.-N., *L'Autrefois des Cévenols*, Édisud, Aix-en-Provence, 1987.

Pelen J.-N., Travier D., *L'Image et le Regard. Les Cévennes et la Photographie : 1870-1930*, Les Presses du Languedoc-Max Chaleil Éditeur, Montpellier, 1993.

Sur les traces de Stevenson, topoguide de l'itinéraire (Édition bilingue français/ anglais), Imprimerie des 4, Marvejols, 1978.

Le randonneur profitera peut-être aussi de son voyage dans les Cévennes pour découvrir ou redécouvrir l'œuvre littéraire de R. L. Stevenson, notamment quelques chefs-d'œuvre comme :

- *L'Île au trésor* (1883),

- *Dr Jekyll et M. Hyde* (1886),

- *Le Maître de Ballantrae* (1888),

- *La Fausse Caisse*,
  ou *Le Mort vivant* (1888),

- *Le Naufrageur* (1892),

- *Dans les mers du sud* (1893),

- *Catriona* (1893).

Ces ouvrages sont pour la plupart disponibles en format de poche (Gallimard, Garnier-Flammarion, Laffont/Bouquins, Rivages, UGE 10/18).

Enfin, pour apprendre à connaître et apprécier l'âne, cet animal à la fois populaire et méconnu, qui partagera peut être votre randonnée, lisez *Le Livre de l'Âne* (Davèze J., Raveneau A.) paru aux Éditions Rustica.

Réalisation

Les auteurs

Dans l'ordre d'apparition des textes dans le guide.

Jacques POUJOL : Historien ayant fait carrière dans l'enseignement et les échanges culturels, d'abord aux États-Unis puis en France, vice-président du Club Cévenol, auteur de nombreuses recherches sur le voyage de Stevenson et de plusieurs ouvrages récents.

Bernard FÉMINIER : Ingénieur des TPE retraité, historien et auteur, domicilié au Puy-en-Velay.

Marie-Louise BARBARAY : Historienne lozérienne amateur, amoureuse de la nature, auteur d'ouvrages.

Abbé Félix BUFFIÈRE : Docteur ès lettres, professeur de langue et de civilisation grecques à l'Institut catholique de Toulouse, doyen de la faculté libre des lettres, chanoine honoraire de Mende.

Élise-Marie VAUTIER : Technicien forestier chargé d'études à l'Office National des Forêts, service départemental de la Lozère.

Odile RIVAL : Conservateur adjoint de l'Éco-musée du mont Lozère, elle assure dans le cadre du Parc National des Cévennes (massif du mont Lozère) la gestion quotidienne et l'animation de l'Écomusée.

Patrick CABANEL : Agrégé et docteur en histoire, maître de conférences en histoire contemporaine à l'Université de Toulouse-le Mirail. Auteur d'articles et d'ouvrages sur l'histoire des Cévennes, du protestantisme français et de la Troisième République.

Marie-Josèphe DEVOIS : Chef du service Tourisme à la Chambre de Commerce et d'Industrie de l'arrondissement d'Alès.

La coordination des auteurs a été assurée par *Pat VALETTE* pour le *Club CÉVENOL.*

Pour connaître les ouvrages publiés par les auteurs, consulter la bibliographie, pp. 124 et 125.

Les nombreux extraits des textes de Stevenson présentés dans ce guide sont tirés de *Journal de route en Cévennes*, Privat-Club Cévenol, édition critique à partir du manuscrit intégral, 1991.

Crédit des illustrations : Dessins : Bernard DEUBELBEISS, excepté ceux des pp. 17, 35 et 39 qui sont tirés du *Journal de route en Cévennes.* **Photos :** Patrick BARD/EDITING : pp. 9, 16-17, 19, 23, 24, 25, 34, 38, 39, 44, 51, 53-54, 56, 57, 59, 61, 62, 63, 67, 69, 71, 73-74, 78, 79, 80-81, 82, 83, 84, 90, 91, 93 haut, 96 haut et bas, 104 bas, 105, 109, 110, 111 gauche et droite, 113 haut et bas, 115, 116 haut, 128 - Christian BERTHOLET : p. 27 - Norbert DUTRANOY : pp. 2-3, 93 bas - Pierre ENJELVIN : p. 7 - Hervé MONESTIER : pp. 28, 29 - Marc SAGOT : pp. 6, 33, 37, 42, 43, 45 - Pascal SAINT-JEAN : pp. 50, 121 - Jean-François SALLES : pp. 16, 87, 108 - Christian TIJOU : pp. 5, 102, 112 - Musée du DÉSERT : pp. 103, 104 haut, 116-117 bas - CCI Alès : pp. 122, 123.

Le chemin de R. L. Stevenson qui vous est proposé est le résultat d'un travail collectif incluant de nombreux partenaires partageant le même objectif de réhabilitation d'un itinéraire historique lié à une aventure exceptionnelle ayant eu lieu en 1878 et relatée par l'auteur dans son ouvrage *Voyage avec un âne dans les Cévennes.*

La mise en place de l'itinéraire actuel et la réalisation de ce topoguide sont issues de la volonté de nombreux partenaires publics et privés, relayés par un groupe de travail comprenant l'UCCIMAC (Union des Chambres de Commerce et d'Industrie du Massif Central), la CCI de la Lozère, Chamina et la Fédération Française de la Randonnée Pédestre, le CDT de la Lozère.

La CCI de la Lozère a assuré la maîtrise d'ouvrage de l'opération ; Chamina et la Fédération en ont été les opérateurs.

Description et balisage de l'itinéraire : les CDRP de la Haute-Loire, de l'Ardèche, de la Lozère et du Gard, de la Fédération.

Conception et réalisation du topoguide : Chamina et la Fédération Française de la Randonnée Pédestre.

Photogravure, impression et façonnage : Imprimerie Corlet.

Le financement du projet a été assuré par l'Union Européenne (FEDER) - l'État (Fidar Massif central), la région Auvergne, la région Languedoc-Roussillon, le département de la Lozère.

Index des noms de lieux

1/ Les numéros de pages en italique renvoient aux illustrations.
2/ Ceux figurant en gras renvoient au descriptif de l'itinéraire.
3/ Les numéros de pages en romain maigre renvoient aux textes culturels.

**Les chaussures ayant servi à Robert Louis Stevenson
pour accomplir son voyage dans les Cévennes.
Elles sont aujourd'hui conservées au musée d'Edimbourg.**

2ème édition : novembre 2002, mise à jour en juillet 2005
Co-auteur/Co-éditeur : Fédération Française de la Randonnée Pédestre et CHAMINA
© Fédération Française de la Randonnée Pédestre 2005 - ISBN 2-85-699-929-8 © CHAMINA 2002 © IGN 2002
Dépôt légal : juillet 2005
Corlet Imprimeur, S.A., 14110 Condé-sur-Noireau

Ne pas bousculer. Toutes nos canalisations sont enterrées et la nature n'y laisse pas même une plume. Personne ne peut imaginer comment nous acheminons le gaz naturel : nos 30 000 kilomètres de gazoducs sont enterrés à un mètre de profondeur et il n'y a pas de trace de notre passage. Personne ne voit jamais notre travail mais c'est exactement ce que nous voulons : ne pas dénaturer les paysages. **www.gazdefrance.com**

Gaz de France

Ici. Là-bas. Pour vous. Pour demain.

Vastes plateaux volcaniques du Velay, hautes terres rudes du Gévaudan, croupes dénudées du mont Lozère, crêtes et vallées de la Cévenne des Camisards…
Autant de pays, autant de paysages et d'histoires ; une aventure sans cesse renouvelée au long des 252 kilomètres de ce périple dans les pas de Stevenson, où chaque jour « le voyage de demain vous emportera corps et âme vers quelque autre paroisse de l'infini ». *(Des promenades à pied, R. L. Stevenson)*

DONNÉES
IGN

Gaz de France
Partenaire officiel de la FF Randonnée

7 ÉTOILES

ISBN 2-85699-929-8

9 782856 999295

── AUTRES TOPO-GUIDES DANS LA RÉGION ──

Fédération Française de la Randonnée Pédestre
• GR 7 / 72 : Du Pilat aux Cévennes, réf. 704
• GR 68 / GRP : Tours du Mont Lozère,
des Causses Méjean et du Sauveterre, réf. 631
• GRP : Tours en Margeride, réf. 480

Chamina
• PR : Margeride et Gévaudan, réf. 112
• PR : La Lozère, réf. 110
• PR : Vallée et gorges du Tarn, réf. 202